Надежда Мандельштам

МОЕ ЗАВЕЩАНИЕ И ДРУГИЕ ЭССЕ

Предисловие И. БРОДСКОГО

СЕРЕБРЯНЫЙ ВЕК

НЬЮ-ЙОРК

МАНДЕЛЬШТАМ, Надежда Яковлевна.
МОЕ ЗАВЕЩАНИЕ И ДРУГИЕ ЭССЕ.
Предисловие *Иосифа Бродского.*

Prefare by Joseph Brodsky

Translated by Lev Losev and Nina Mohova

MANDELSHTAM, Nadezhda Yakovlevna.
MOYO ZAVESHCHANIE I DRUGIE ESSE

(My Testament and Other Essays).

Составитель Григорий Поляк

Compiled and edited by Gregory Poliak

Издание 2-е дополненное

Library of Congress Catalog Card Number: 81-51431.
ISBN: 0-940294-06-0

©1982 by SILVER AGE PUBLISHING.

SILVER AGE PUBLISHING.
P. O. Box 384 Rego Park
New York, N. Y. 11374.

ОТ ИЗДАТЕЛЬСТВА

Издательство "Серебряный век" считает своим приятным долгом поблагодарить всех, кто помог выходу в свет этой книги: редколлегию журнала "Континент" (Париж), профессора Александра С.-ва (Москва), гроссмейстера Геннадия Сосонко (Амстердам), доктора Викторию Швейцер (Амхерст), проф.Льва Лосева (Гановер, Нью-Хемпшер).

К сожалению, по независящим от издательства причинам часть материалов не могла быть включена в эту книгу и будет опубликована в следующем издании.

Иосиф БРОДСКИЙ

НАДЕЖДА МАНДЕЛЬШТАМ
1899—1980

Из восьмидесяти одного года своей жизни Надежда Мандельштам девятнадцать лет была женой величайшего русского поэта нашего времени — Осипа Мандельштама, и сорок два года — его вдовой. Остальное пришлось на детство и юность. В интеллигентных кругах, особенно в литературных, быть вдовой великого человека — это почти профессия в России, где в тридцатые и сороковые годы государство производило писательских вдов в таких количествах, что к середине шестидесятых из них можно было создать профсоюз.

„Надя самая счастливая из вдов", — говоря это, Анна Ахматова имела в виду то всеобщее признание, которое пришло к Мандельштаму об эту пору. Самое замечание относилось, естественно, в первую очередь к судьбе самого поэта, собрата по перу, но при всей его справедливости оно свидетельствует о взгляде извне.

К тому времени, когда вышеупомянутое признание стало нарастать, Надежда Яковлевна Мандельштам была уже на седьмом десятке, весьма шаткого здоровья и почти без средств. К тому же признание это, даже будучи всеобщим, все же не распространялось на „одну шестую земного шара", на самую Россию. За спиной у Надежды Яковлевны уже были два десятка лет вдовства, крайних лишений, великой — списывающей все личные утраты — войны и ежедневного страха быть схваченной сотрудниками госбезопасности как жена врага народа. За исключением разве что самой смерти все остальное после этого могло означать только передышку.

Впервые я встретился с ней именно тогда, зимой 1962 года, во Пскове, куда с приятелями отправился взглянуть на тамошние церкви (прекраснейшие, должен сказать, во всей империи). Прослышав о нашем намерении поехать во Псков, Анна Андреевна Ахматова посоветовала нам навестить Надежду Мандельштам, которая преподавала английский в местном пединституте, и попросила передать ей несколько книг. Тогда я впервые и услышал это имя: прежде я не догадывался о ее существовании.

Жила она в двухкомнатной коммунальной квартире. Одну комнату занимала квартуполномоченная, чья фамилия по иронии судьбы была — Нецветаева, а другую — Н. Я. Мандельштам. Комната была размером со среднюю американскую ванную — восемь квадратных метров. Большую часть площади занимала железная полуторная кровать; еще там были два венских стула, комод с небольшим зеркалом и тумбочка, служившая также и столом: на ней находились тарелки с остатками ужина, а рядом — английская книжка в бумажной обложке „Еж и лисица" Исайи Берлина.[1]

6

Присутствие этой красной книжки в каморке, и самый факт, что она не была спрятана под подушку, когда в дверь позвонили, как раз и означало, что передышка началась.

Как выяснилось, книгу эту ей тоже прислала Ахматова, в течение полувека остававшаяся ближайшим другом Мандельштамов: сначала обоих, потом уже одной Надежды. Сама дважды вдова — первый ее муж, поэт Николай Гумилев, был расстрелян ЧЕКА, то есть КГБ в девичестве; второй — искусствовед Николай Пунин, умер в концлагере, принадлежащем той же организации, Ахматова всеми возможными средствами помогала Н. Я. Мандельштам, а во время войны буквально спасла ее, контрабандой вытащив в Ташкент, куда была эвакуирована часть Союза писателей и где она делила с ней свой паек. Даже при том, что два ее мужа были уничтожены государством, а сын томился в лагерях общей сложностью около шестнадцати лет, если мне не изменяет память, Ахматова все же была в несколько лучшем положении, чем Надежда Яковлевна, хотя бы потому, что ее, хоть и скрепя сердце, но признавали писательницей и позволяли проживание в Ленинграде или в Москве. Для жены врага народа большие города были закрыты.

Десятилетиями эта женщина находилась в бегах, петляя по захолустным городишкам великой империи, устраиваясь на новом месте лишь для того, чтобы вновь сняться при первом же сигнале опасности. Статус несуществующей личности постепенно стал ее второй натурой. Она усыхала и съеживалась больше и больше, словно в попытке превратить себя в нечто невесомое, что можно быстренько сложить и сунуть в карман в случае бегства. Также не имела она совершенно никакого имущества: ни мебели, ни произведений искусства, ни библиотеки. Книги, даже заграничные, никогда не задерживались у нее надолго: прочитав или просмотрев, она тут же отдавала их кому-нибудь — как, собственно, и следует поступать с книгами. В годы ее наивысшего благополучия, в конце шестидесятых — начале семидесятых, в ее однокомнатной квартире на окраине Москвы самым дорогостоящим предметом были часы с кукушкой на кухонной стене. Вора бы здесь постигло разочарование, как, впрочем, и тех, кто мог явиться с ордером на обыск.

В те ,,благополучные'' годы, последовавшие за публикацией на Западе двух томов ее воспоминаний, эта кухня стала поистине местом паломничества. Почти каждый вечер лучшее из того, что выжило или появилось в послесталинский период, собиралось вокруг длинного деревянного стола, раз в десять побольше, чем псковская тумбочка. Могло показаться, что она стремилась наверстать десятилетия отверженности. Я, впрочем, сомневаюсь, что она этого хотела, и как-то лучше помню ее в псковской комнатушке или примостившейся на краю дивана в ленинградской квартире Ахматовой, к которой она иногда украдкой наезжала из Пскова, или возникающей из глубины коридора у Шкловских в Москве — там она ютилась, пока не обзавелась собственным жильем. Вероятно, я помню это яснее еще и потому, что там она была больше в своей стихии — отщепенка, беженка, „нищенка-подруга", как назвал ее в одном стихотворении Мандельштам, и чем она в сущности осталась до конца жизни.

Есть нечто ошеломляющее в мысли о том, что она сочинила оба свои тома шестидесятипяти лет от роду. В семье Мандельштамов писателем был Осип, а не она. Если она и сочиняла что-либо до этих двух томов, то это были письма друзьям или заявления в Верховный суд. Неприложим к ней и традиционный образ мемуариста, на покое обозревающего долгую, богатую событиями жизнь. Ибо ее шестьдесят пять лет были не вполне обычны. Недаром в советской карательной системе есть параграф, предписывающий в лагерях определенного режима зачитывать один год за три. По этому счету немало русских в этом столетии сравнимы с библейскими патриархами. С коими у Мандельштам было и еще кое-что общее — потребность в справедливости.

Однако не одна лишь страсть к правосудию заставила ее, шестидесятипятилетнюю, в момент передышки засесть за писание этих книг. Эти книги появились на свет, потому что в жизни Надежды Мандельштам повторилось то, что уже произошло однажды в истории русской литературы. Я имею в виду возникновение великой русской прозы второй половины девятнадцатого века. Эта проза, возникшая словно бы ниоткуда, как некое следствие, причину которого невозможно установить, на самом деле была просто-на-просто отпочкованием от русской, девятнадцатого же века, поэзии. Поэзия задала тон всей последовавшей русской литературе, и лучшее в русской прозе можно рассматривать как отдаленное эхо, как тщательную разработку психологических и лексических тонкостей, явленных русской поэзией в первой четверти того же столетия. ,,Большинство персонажей Достоевского, — говорила Ахматова, — это постаревшие пушкинские герои, Онегины и так далее''.

Поэзия вообще всегда предшествует прозе; во многих отношениях это можно сказать и о жизни Надежды Яковлевны. И как человек, и как писатель она была следствием, порождением двух поэтов, с которыми ее жизнь была связана неразрывно: Мандельштама и Ахматовой. И не только потому, что первый был ее мужем, а вторая другом всей ее жизни. В конце концов за сорок два года вдовства могут поблекнуть и счастливейшие воспоминания (а в случае этого брака таковых было далеко не много, хотя бы потому, что годы совместной жизни пришлись на период разрухи, вызванной войной, революцией и первыми пятилетками. Сходным образом бывало, что она не виделась с Ахматовой годами, а письмам уж никак нельзя было доверять. Бумага вообще была опасна. Механизмом, скрепившим узы этого брака, равно как и узы этой дружбы, была необходимость запоминать и удерживать в памяти то, что нельзя доверить бумаге, то есть стихи обоих поэтов.

В подобном занятии в ту, по слову Ахматовой „догуттенбергскую", эпоху Надежда Яковлевна безусловно не была одинока. Тем не менее, повторение днем и ночью строк покойного мужа несомненно приводило не только ко все большему проникновению в них, но и к воскрешению самого его голоса, интонаций, свойственных только ему одному, к ощущению, пусть мимолетному, его присутствия, к пониманию, что он исполнил обещания по тому самому договору „в радости и в горе...", особенно второй половиной. То же происходило и со стихами физически часто отсутствующей Ахматовой, ибо механизм запоминания, будучи раз запущен, уже не может остановиться. То же происходило и с некоторыми другими авторами, и с некоторыми идеями, и с некоторыми этическими принципами, словом, со всем, что не смогло бы уцелеть иначе.

И все это мало-помалу вросло в нее. Потому что если любовь и можно чем-то заменить, то только памятью. Запоминать — значит восстанавливать близость. Мало-помалу строки этих поэтов стали ее сознанием, ее личностью. Они давали ей не только перспективу, не только угол зрения; важнее то, что они стали для нее лингвистической нормой. Так что когда она засела за свои книги, она уже была обречена на соизмерение — уже бессознательное, инстинктивное к тому времени — своих слов с их словами. Ясность и безжалостность ее письма, которая отражают характерные черты ее интеллекта, есть также неизбежное стилистическое следствие поэзии, сформировавшей этот интеллект. И по содержанию, и по стилю ее книги суть лишь постскриптум к высшей форме языка, которой, собственно говоря, является поэзия и которая стала ее плотью, благодаря заучиванию наизусть мужниных строк.

Если перифразировать Одена, великая поэзия „ушибла ее в прозу". Именно так, поскольку наследие этих двух поэтов могло быть разработано только в прозе. В поэзии оно могло стать достоянием лишь эпигонов. Что и произошло. Другими словами, проза Надежды Яковлевны Мандельштам для самого языка оказалась единственной средой, где он мог избегнуть застоя. Точно так же эта проза оказалась единственной из подходящих средой, в которой могла бы удержаться сама душа языка, как им пользовались эти два поэта. Таким образом, ее книги являются не столько мемуарами и комментариями к биографиям двух великих поэтов, и как ни превосходны они в этом качестве, эти книги растолковали сознание русского народа. По крайней мере той его части, которой удавалось раздобыть экземпляр.

Нечего удивляться в таком случае, что это растолкование оборачивается осуждением режима. Эти два тома Н. Я. Мандельштам, действительно, могут быть приравнены к Судному дню на земле для ее века и для литературы ее века, тем более ухабном, что именно этот век провозгласил строительство на земле рая. Еще менее удивительно, что эти воспоминания, особенно второй том, вызвали негодование по обе стороны кремлевской стены. Должен сказать, что реакция властей была честнее, чем реакция интеллигенции: власти просто объявили хранение этих книг преступлением против закона. В интеллигентских же кругах, особенно в Москве, поднялся страшный шум по поводу выдвинутых Надеждой Яковлевной обвинений против выдающихся и не столь выдающихся представителей этих кругов в фактическом пособничестве режиму: людской прибой на ее кухне существенно поприутих.

Были открытые и полуоткрытые письма, исполненные негодования решения не подавать руки; дружбы и браки рушились по поводу, права она была или не права, объявляя того или иного типа стукачом. Выдающийся диссидент заявлял, потрясая бородой: „Она обосрала все наше поколение''; иные кинулись по дачам и заперлись там, чтобы срочно отстучать собственные антивоспоминания. Уже начинались семидесятые годы; пройдет лет шесть, и среди тех же людей произойдет похожий раскол по поводу отношения Солженицына к евреям.

Есть нечто в сознании литератора, что делает самое идею о чьем-то моральном авторитете неприемлемой. Литератор охотно примирится с существованием генсека или фюрера, но непременно усомнится в существовании пророка. Дело, вероятно, в том, что легче переварить утверждение „Ты — раб'', чем „С точки зрения морали ты — ноль''. Как говорится, лежачего не бьют. Однако пророк дает пинка лежачему не с намерением его прикончить, а чтобы заста-

13

вить его подняться на ноги. Пинкам этим сопротивляются, утверждения и обвинения ставятся под сомнение, и не для того, чтобы установить истину, но из-за присущего рабу интеллектуального самодовольства. Еще хуже для литератора, когда дело идет об авторитете не только моральном, но и культурном, как это было с Н. Я. Мандельштам.

Я рискну пойти еще чуть-чуть дальше. Действительность обретает смысл и значение только посредством восприятия. Восприятие, вот что делает действительность значимой. И есть иерархия восприятий (и, соответственно, значимостей), увенчанная восприятиями, добываемыми при помощи призм наиболее чувствительных и тонких. Есть только один мастер, способный придать призмам подобную тонкость и чувствительность — это культура, цивилизация, с ее главным инструментом — языком. Оценка действительности, производимая сквозь такую призму, приобретение которой есть общая цель для всех представителей человеческого рода, стало быть, наиболее точна, возможно даже, наиболее справедлива. (Вопли „Нечестно!" и „Элитаризм!", коими вышесказанное может быть встречено, и прежде всего в наших университетах, не следует принимать во внимание, ибо культура элитарна по определению, и применение демократических принципов к сфере познания чревато знаком равенства между мудростью и невежеством.

Но исключительность масштабов ее горя, а именно обладание такой призмой, полученной от лучшей русской поэзии двадцатого века, — вот что делает суждения Н. Я. Мандельштам относительно увиденной ею действительности неоспоримыми. Это гнусная ложь, что великому искусству необходимо страдание. Страдание ослепляет, оглушает, разрушает, зачастую оно убивает. Осип Мандельштам был великим поэтом уже до революции. Так же, как Анна Ахматова, так же, как Марина Цветаева. Они бы стали тем, чем они стали, даже если бы Россия не пережила известных исторических событий текущего столетия: ибо они были о д а р е н ы. Талант, в принципе, в истории не нуждается.

Стала бы Н. Я. Мандельштам тем, чем она стала, не произойди революция и все остальное? Возможно, нет, так как она встретилась со своим будущим мужем в 1919 году. Вопрос, однако, сам по себе некорректен: он заводит нас в туманные области теории вероятности и исторического детерминизма. В конце концов она стала тем, чем она стала, не благодаря тому, что произошло в России в текущем столетии, а скорее вопреки тому. Указующий перст казуиста непременно ткнет в то, что с точки зрения исторического детерминизма ,,вопреки'' синономично ,,потому что''. Ну и Бог с ним тогда, с историческим детерминизмом, ежели он проявляет такое беспокойство по поводу значения обыкновенного человеческого ,,вопреки''.

Все это, впрочем, не без причин. Коль скоро слабая шестидесятипятилетняя женщина оказывается способной замедлить, если не предотвратить, в конечном счете культурный распад нации.

Ее воспоминания суть нечто большее, чем свидетельство о ее эпохе: это взгляд на историю в свете совести и культуры. История в этом свете съеживается, а индивидуализм осознает свой выбор — между поисками источника света или совершением антропологического преступления против самого себя.

В ее задачу совсем не входило сыграть такую роль, ни тем более стремилась она свести счеты с системой. Для нее это было частным делом, делом ее характера, ее личности и того, что сформировало ее личность. А личность ее была сформирована культурой и лучшим, что она произвела: стихами ее мужа. Это их, стихи, а не память о муже, она спасала. Их, а не его вдовой была она в течение сорока двух лет. Конечно, она его любила, но ведь и любовь сама по себе есть самая элитарная из страстей. Только в контексте культуры она приобретает объемность и перспективу, ибо требует больше места в сознании, чем в постели. Взятая вне этого контекста, любовь сводится к обыкновенному трению.[3] Она была вдовой культуры, и я думаю, что она любила своего мужа больше к концу, чем в начале их брака. Вот, наверное, почему эти книги так врезаются в сознание читателей. И еще, вероятно, потому, что отношения современного мира с цивилизацией также могут быть охарактеризованы, как вдовство.

Если ей и недоставало чего-то, так это терпимости. В этом отношении она была совсем не похожа на своих двух поэтов. Но при них было их искусство, и само качество их достижений приносило им достаточное удовлетворение, чтобы быть или казаться смиренными. Она была чрезвычайно предвзятой, категоричной, придирчивой, непримиримой, нетерпимой; нередко ее идеи были недоработанными или основывались на слухах. Короче говоря, бойцовских качеств у нее хватало, что и неудивительно, если принять во внимание, с какими фигурами она сводила счеты в реальной жизни, а позднее в воображении. Под занавес нетерпимость ее начала отталкивать, что не производило на нее достаточно большого впечатления, поскольку она была в достаточной степени утомлена. Единственное, чего она хотела, это умереть в своей постели, в некотором роде ей даже хотелось умереть, потому что "там я опять буду с Осипом". "Нет, — как-то сказала ей на это Ахматова, — на этот раз с ним буду я".

Ее желание исполнилось: она умерла в своей постели. Не так уж мало для русского человека ее поколения. Несомненно, кто-то будет причитать, что она-де не поняла свою эпоху, отстала от поезда, мчащегося в будущее. Что ж, как все русские ее поколения, она слишком хорошо знала, что мчащиеся в будущее поезда останавливаются в концлагерях и у газовых камер. Ей повезло, как, впрочем, и нам повезло узнать о станции его назначения.

В последний раз я видел ее 30 мая 1972 года в кухне ее московской квартиры. Было под вечер; она сидела и курила в глубокой тени, отбрасываемой на стену буфетом. Тень была так глубока, что можно было различить в ней только тление сигареты и два сверлящих глаза. Остальное — крошечное усохшее тело под шалью, руки, овал пепельного лица, седые пепельные волосы — все было поглощено тьмой. Она выглядела, как остаток большого огня, как тлеющий уголек, который обожжет, если дотронешься.

Авторизованный перевод с английского
Нины и Льва ЛОСЕВЫХ

ПРИМЕЧАНИЯ

[1] „Еж и лисица" — эссе известного английского историка и философа сэра Исайи Берлина о Льве Толстом.
Isaiah Berlin. The Hedgehog & the Fox, New York, Mentor Book, 1957.

[2] Часть формулы, произносимой при бракосочетании в странах английского языка.

[3] Намек на известную грубоватую шутку одного из друзей Мандельштам: „Она думает, что талант передается посредством трения".

МОЕ ЗАВЕЩАНИЕ

— Пора подумать — не раз говорила я Мандельштаму, — кому это все достанется... Шурику?
Он отвечал:"Люди сохранят... Кто сохранит —
тому и достанется". "А если не сохранят?"
"Если не сохранят, значит, это никому не нужно и ничего не стоит..." Еще была жива люби-
мая племянница О.М.Татька, но в этих разговорах О.М. никогда даже не упомянул ее имени.
Для него стихи и архив не были ценностью, которую можно завещать, а скорее весточкой, бро-
шенной в бутылке в океан; кто поднимет ее
на берегу, тому они и принадлежат, как сказано в ранней статье "О собеседнике". Этому
отношению к своему архиву способствовала
наша эпоха, когда легче было погибнуть за стихи, чем получить за них гонорар. О.М. обрекал
свои стихи и прозу на "дикое" хранение, но если
бы полагаться только на этот способ, стихи бы
дошли в невероятно искаженном виде. Но я
случайно спаслась — мы ведь всегда думали, что
погибнем вместе, — и овладела чисто советским
искусством хранения опасных рукописей. Это
не простое дело — в те дни люди, одержимые

безумным страхом, чистили ящики своих письменных столов, уничтожая все подряд: семейные архивы, фотографии друзей и знакомых, письма, записные книжки, дневники, любые документы, попавшие под руку, даже советские газеты и вырезки из них. В этих поступках безумие сочеталось со здравым смыслом. С одной стороны, бюрократическая машина уничтожения не нуждалась ни в каких фактах, и аресты производились по таинственному канцелярскому произволу. Для осуждения хватало признания в преступлениях, которого с легкостью добивались в ночных кабинетах следователей путем конвейерных или упрощенных допросов. Для создания "группового" дела следователь мог связать в один узел совершенно посторонних людей, но все же мы предпочитали не давать следователям списков своих знакомых, их писем и записок, чтобы они не вздумали поработать на реалном материале... И сейчас, по старой памяти, а может в предчувствии будущих невзгод, друзья Ахматовой испугались, услыхав, что в архивы проданы письма ее читателей и тетради, куда она в период передышки начала записывать, кто, когда и в котором часу, должен ее навестить. Я, например, до сих пор не могу завести себе книжку с телефонами своих знакомых, потому что привыкла остерегаться таких "документов"... В нашу эпоху хранение рукописей приобрело особое значение — это был акт, психологически близкий к самопожертвованию — все рвут, жгут и уничтожают бумаги, а кто-то бережно хранит вопреки всему этому горсточку человеческого тепла. О.М. был прав, отказываясь назвать наследника и утверждая, что право наследования дает этот единственный возможный у нас знак уважения к поэзии: сберечь, сохранить, потому что это нужно людям и будет жить... Мне удалось сохранить кое-что из архива и почти все стихи, потому что мне помогали разные люди и мой брат Евгений Яковлевич Хазин. Кое-кто из хранителей погиб в лагерях, а с ними и то, что я им дала, другие не вернулись с войны, но те, кто уцелели, вернули вернулис с войны, но те, кто уцелели, вернули мне мои бумаги, кроме Финкельштейн-Рудаковой, которая сейчас ими торгует. Среди хранителей была одна незаконная и непризнанная дочь Горького, поразительно на него похожая женщина с упрямым и умным лицом. Многие годы у нее лежала "Четвертая проза" и стихи. Эта женщина не принадлежала к читателям и любителям стихов, но кажется, ей было приятно хранить старинные традиции русской интеллигенции и ту литературу, которую не признавал ее отец. А я знала наизусть и прозу, и стихи О.М. — ведь могло случиться, что бумаги пропадут, а я уцелею — и непрерывно переписывала (от руки, конечно) его вещи. "Разговор о Данте" был переписан в десятках экземпляров, а дошло из них до наших дней только три.

Сейчас я стою перед новой задачей. Старое поколение хранителей умирает, и мои дни подходят к концу, а время по-прежнему удаляет цель: даже крошечный сборник в "Библиотеке поэта" и тот не может выйти уже одиннадцать лет (эти строки я пишу в конце декабря 1966 года). Все подлинники по-прежнему лежат на хранении в чужих руках. Мандельштам верил в государственные архивы, но я — нет. Ведь уже в начале двадцатых годов разразилось "Дело Ольденбурга", который принял на хранение в архив Академии наук неугодные начальству документы, имевшие, по его словам, историческую ценность; притом мы ведь не гарантированы от нового тура "культурной революции", когда снова начнут чистить архивы. И сейчас уже ясно, что я не доживу до издания этих книг и что эти книги не потеряли ценности, отлеживаясь в ящиках чужих столов. Вот почему я обращаюсь к Будущему, которое подведет итоги, и прошу Будущее, даже если оно за горами, исполнить мою волю. Я имею право на волеизъявление, потому что вся моя жизнь ушла на хранение горсточки стихов и прозы погибшего поэта. Это не вульгарное право вдовы и наследницы, а право товарища черных дней. Юридическая сторона дела такова: после реабилитации по второму делу меня механически, как и других вдов реабилитированных писателей, ввели в право наследства на 15 лет (до 1972, как у нас полагается по закону). Вся юридическая процедура происходила не в Союзе писателей, а просто у нотариуса, и потому мне не чинили никаких препятствий, и все произошло, как у людей. Юридический акт о введении в права наследства лежит в ящике стола, потому что я получила оседлость, а до этого я около десяти лет держала его печатать Мандельштама — положительный акт разрешить — не в моей власти. Но во-первых, со мною никто не станет считаться, во-вторых, его все равно не печатают и лишь изредка какие-то озорные журнальчики или газеты возьмут и тиснут случайную публикацию из своих "бродячих списков" — ведь, как говорила Анна Андреевна, мы живем в "догутенберговской эпохе" и "бродячие списки" нужных книг распространяются активнее, чем печатные издания. Эти журнальчики, если будет их милость, присылают мне за свои публикации свой дружеский ломаный грош, и я этому радуюсь, потому что в нем веяние новой жизни... Вот и все мои наследственные права, и как я уже сказала, со мной никто не считается. И в своем последнем волеизъявлении я веду себя так, будто у меня в столе не нотариальная филькина грамота, а полноценный документ, признавший и утвердивший мои непререкаемые права на это горестное наследство.

А если кто задумает оспаривать мое моральное и юридическое право распоряжаться этим наследством, я напомню вот о чем: когда наша монументальная эпоха выписывала ордер на мой арест, отнимала у меня последний кусок хлеба, гнала с работы, издевалась, сделала из меня бродягу, выселила из Москвы не только в 1938, но и в 1958 году, ни один человек не позволил усомниться в полноте моих вдовьих прав и в целесообразности такого со мной обращения. Я уцелела и сохранила остатки архива наперекор и вопреки советской литературе, государству и обществу, по вульгарному недосмотру с их стороны. Есть замечательный закон: убийца всегда недооценивает силы своей жертвы, для него растоптанный и убиваемый это "горсточка лагерной пыли", дрожащая тень Бабьего Яра... Кто поверит, что они могут воскреснуть и заговорить?.. Убивая, всякий убийца смеется над своей жертвой и повторяет:"Разве это человек?.. Разве это называется поэтом?" Тот, кто поклоняется силе, представляет себе настоящего поэта и настоящего человека в виде потенциального убийцы:"Этот нам всем покажет..." Такая недооценка своих замученных, исстрадавшихся жертв неизбежна, и именно благодаря ей обо мне и моей горсточке бумаг позабыли. И это спасение наперекор и вопреки всему дает мне право распоряжаться моим юридически оформленным литературным наследством.

Но — юридическое право иссякает в 1972 году — через пятнадцать лет после "введения в права наследства", которыми государство ограничило срок его действия. С таким же успехом оно могло назвать любую другую цифру или вообще отменить это право. Столь же произвольна выплата наследникам не полного гонорара, а пятидесяти процентов. Почему пятьдесят, а не семьдесят или не двадцать? Впрочем, я признаю, что государство вправе как угодно обращаться с теми, кого оно создало, вызвало из небытия, кому оно покровительствовало, кого оно ласкало, тешило славой и богатством. Словом — купило на корню со всеми побегами и листьями. Наследственное пятнадцатилетие в отношении нашей литературы лишь дополнительная милость государства да еще уступка европейской традиции.

Но я оспариваю это ограничение пятнадцатью годами в отношении к Мандельштаму.

Что сделало для него государство, чтобы отнимать сначала пятьдесят, а потом все сто процентов его литературного наследства с помощью своих писательских организаций, официальных комиссий по наследству и чиновников, именующихся главными, внешними и внутренними редакторами? Они ли — бритые или усатые, гладкие любители посмертных изданий — будут перебирать горсточку спасенных мною листков и решать, что стоит, а чего не стоит печатать, в каких вещах поэт "на высоте", а что не мешало бы дать ему на переработку? Может, они и тогда еще будут искать "прогрессивности" со своих, продиктованных текущим моментом и государственной подсказкой, позиций? А потом делить между собой, издательством и государством, доходы — пусть и ничтожные, пусть в два гроша — с этого злосчастного издания? Какой процент отчислят они тогда государству, а какой его передовому отряду — писательским организациям? За что? По какому праву?

Я оспариваю это право и прошу Будущее выполнить мою последнюю и единственную просьбу. Чтобы лучше мотивировать эту просьбу, которая, надеюсь, будет удовлетворена государством Будущего, какие бы у него ни были законы, я перечислю в двух словах, что Мандельштам получил от государства, Прошлого и Настоящего, и чем ему обязан. Неполный запрет двадцатых и начала тридцатых годов: "не актуально", "нам чуждо", "наш читатель в этом не нуждается", украинское, развеселившее нас "нэ треба", поиски нищенского заработка — черная литературная работа, поиски "покровителей", чтобы протолкнуть хоть что-нибудь в печать... В прессе:"бросил стихи", "перешел на переводы", "перепевает сам себя", "лакейская проза" и тому подобное... После 1934 года — полный запрет, даже имя не упоминается в печати вплоть до 1956 года, когда оно возникает с титулом "декадент". Прошло почти тридцать лет после смерти О. М., а книга его все еще "готовится к печати". А биографически — ссылка на вольное поселение в 1934 году — Чердынь и Воронеж, а в 1938 году — арест, лагерь и безымянная могила, вернее, яма, куда его бросили с биркой на ноге. Уничтожение рукописей, отобранных при обысках, разбитые негативы его фотографий, испорченные валики с записями голоса...

Это искаженное и запрещенное имя, эти ненапечатанные стихи, этот уничтоженный в печах Лубянки писательский архив — это и есть мое литературное наследство, которое по закону должно в 1972 году отойти к государству. Как оно смеет претендовать на это наследство? Я прошу Будущее охранить меня от этих законов и от этого наследника. Не тюремщики должны наследовать колоднику, а те, кто был прикован с ним к одной тачке. Неужели государству не совестно отбирать эту кучку каторжных стихов у тех, кто по ночам, таясь, чтобы не разделить ту же участь, оплакивал покойника и хранил память об его имени? На что ему этот декадент?

Пусть государство наследует тем, кто запродал свою душу: даром ведь оно ни дач, ни почестей никому не давало. Те пускай и несут ему свое наследство хоть на золотом блюде. А стихи, за которые заплачено жизнью, должны остаться частной, а не государственной собственностью. И я обращаюсь к Будущему, которое еще за горами, и прошу его вступиться за погибшего лагерника и запретить государству прикасаться к его наследству, на какие бы законы оно не ссылалось. Это невесомое имущество нужно охранить от посягательства государства, если по закону или вопреки закону оно его потребует. Я не хочу слышать о законах, которые государство создает или уничтожает, исполняет или нарушает, но всегда по точной букве закона и себе на потребу и пользу, как я убедилась, прожив жизнь в своем законнейшем государстве.

Столкнувшись с этим ассирийским чудовищем — государством — в его чистейшей форме, я навсегда прониклась ужасом перед всеми его видами. И потому, какое бы оно ни было в том Будущем, к которому я обращаюсь, демократическое или олигархия, тоталитарное или народное, законопослушное или нарушающее законы, пусть оно поступится своими сомнительными правами и оставит это наследство в руках у частных лиц.

Ведь чего доброго, оно может отдать доходы с этого наследства своим писательским организациям. Можно ли такое пережить: у нас так уважают литературу, что посылают носителя стихотворческой силы в санаторий, куда за ним приезжает грузовик с исполнителями государственной воли, чтобы в целости и сохранности доставить его в знаменитый дом на Лубянке, а оттуда — в теплушке, до отказа набитой обреченными, протащить через всю страну на самую окраину к океану и без гроба бросить в яму; затем через пятнадцать лет не после смерти, а после реабилитации завладеть его литературным наследством и обратить доходы с него на пользу писательских организаций, чтобы они могли отправить еще какого-нибудь писателя в санаторий или в дом творчества... Мыслимо ли такое? Надо оттеснить государство от этого наследства.

Я прошу Будущее навечно, то есть пока издаются книги и есть читатели этих стихов, закрепить права на это наследство за теми людьми, которых я назову в специальном документе. Пусть их всегда будет одиннадцать человек в память одиннадцатистрочных стихов Мандельштама, а на место выбывших пусть оставшиеся сами выбирают заместителей.

Этой комиссии наследников я поручаю бесконтрольное распоряжение остатками архива, издание книг, перепечатку стихов, опубликование неизданных материалов... Но я прошу эту комиссию защищать это наследство от государства и не поддаваться ни его застращиваниям, ни улещиванию. Я прожила жизнь в эпоху, когда от каждого из нас требовали, чтобы все, что мы делали, приносило "пользу государству". Я прошу членов этой комиссии никогда не забывать, что в нас, в людях, самодовлеющая ценность, что не мы призваны служить государству, а государство нам, что поэзия обращена к людям, к их живым душам и никакого отношения к государству не имеет, кроме тех случаев, когда поэт, защищая свой народ или свое искусство, сам обращается к государству, как иногда случается во время вражеских нашествий, с призывом или упреком. Свобода мысли, свобода искусства, свобода слова — это священные понятия, непререкаемые, как понятия добра и зла, как свобода веры и исповедания. Если поэт живет, как все, думает, страдает, веселится, разговаривает с людьми и чувствует, что его судьба неотделима от судьбы всех людей — кто посмеет требовать, чтобы его стихи приносили "пользу государству"? Почему государство смеет заявлять себя наследником свободного человека? Какая ему в этом польза, кстати говоря? Тем более в тех случаях, когда память об этом человеке живет в сердцах людей, а государство делает все, чтобы ее стереть...

Вот почему я прошу членов комиссии, то есть тех, кому я оставлю наследство Мандельштама, сделать все, чтобы сохранить память о погибшем — ему и себе на радость. А если мое наследство принесет какие-нибудь деньги, тогда комиссия сама решает, что с ними делать — пустить ли их по ветру, отдать ли их людям или истратить на собственное удовольствие. Только не создавать на них никаких литературных фондов или касс, стараться спустить эти деньги попроще и почеловечнее в память человека, который так любил жизнь и которому не дали ее дожить. Лишь бы ничего не досталось государству и его казенной литературе. И еще я прошу не забывать, что убитый всегда сильнее убийцы, а простой человек выше того, кто хочет подчинить его себе.

Такова моя воля, и я надеюсь, что Будущее, к которому я обращаюсь, уважит ее хотя бы за то, что я отдала жизнь на хранение труда и памяти погибшего.

МОЦАРТ И САЛЬЕРИ

ПРЕЛЮДИИ

Мандельштам был отчаянным спорщиком, но клевал не на всякую удочку. Он любил сцепиться с марксистом, хотя эти споры всегда шли впустую. "У них на все есть готовый ответ", — жаловался он, потратив время на пустой разговор и убедившись, что оппонент просто парирует или снимает вопрос, с оглушительной ловкостью подменяя его другим. Его легко было втравить в спор по общим мировоззренческим проблемам, а еще легче в литературный поединок, но главным образом, в связи с оценкой каких-нибудь явлений сегодняшнего дня. От чисто литературоведческих тем он уклонялся, предоставляя их специалистам: "Пускай разбираются сами — это их хлеб"... В литературоведении он ценил хороших текстологов, сделавших "умную книгу", то есть хорошо подготовивших издание какого-нибудь поэта — ему нравился, например, однотомник Пушкина, — и людей, увлеченных поэзией, вроде Чуковского, который, по его мнению, стал "представителем" Некрасова, или Тынянова с его любимцем Кюхельбекером. Но теоретические работы Тынянова, Эйхенбаума и других опоязовцев не вызывали у него никакого интереса. Про "Архаистов и новаторов" он не сказал ни одного слова, а когда Тынянов однажды развивал теорию о двух линиях русской поэзии — "мелодической", идущей от Жуковского, и другой, вроде как "смысловой" — пушкинской, Мандельштам отделался шуткой. Все эти модели, лестницы и рамки были не для него. Сейчас мне думается, что в спорах он отстаивал свою литературную позицию, вытекающую из его миропонимания, а в "представителях" видел чисто читателей и "собеседников" ушедшего поэта, а не чистых литературоведов.

Ахматова говорила:"Мы все влюблены в Пушкина", — и ее влюбленность выражалась в занятиях, исследованиях, изучении текстов и добавочных материалов, словом, в чисто литературоведческой работе. Статей она писала мало — в них, как и в "заметки" вошла только ничтожная доля ее мыслей и наблюдений. Большинство ее находок остались незаписанными. От некоторых она успела отказаться, другие поленилась доработать и записать, и это жаль, потому что даже в отверженном ею (а может, именно в нем) всегда было нечто, подмеченное острым ахматовским глазом. Ахматова как-то сказала, что наверное писала бы прозу,если бы жила не в такую проклятую эпоху. Это, конечно, так — для прозы нужен стол, ящик, время... У прозы гораздо больше шансов погибнуть, чем у летучих стихов. Наша жизнь к прозе не располагала, и остановить ее легче, чем стихи. И все же помимо эпохи, помешавшей ей писать прозу, были и другие причины, не менее важные. Это огромный разрыв между ее устной речью, вполне отражавшей характер ее мышления, и тем, как она представляла себе прозаический текст. Из написанных статей вытравлен ее живой голос и резкость суждений. Мысль смягчена и далеко не так категорична, как в разговоре; начисто исчез задор и полемическая ярость, которая придавала такой неповторимый блеск ее беседе. Ахматова разила доводами, как пулями, и требовалась огромная предварительная работа, чтобы обратить такой способ мышления и такую речь в прозаический текст. Ведь не просто было заставить бумагу выдержать и донести до читателя неистовый разгул ахматовской интонации и мысли. Это требовало новой формы и никак не укладывалось в стандартный тип академической статьи, а ведь именно в такие колодки пыталась втиснуться Ахматова. Если бы она прислушалась к себе и не побоялась сохранить свой голос в записанном прозаическом тексте, мы поразились бы новизне, силе и неожиданности этой новой прозы, но для такой работы требуется покой и отказ от всяких претензий на академическую традицию и пресловутое приличие. Покоем в наши дни и не пахло, а нарушать приличие ей и самой не хотелось, да и карали у нас за это достаточно строго. Ведь в стихах волей-неволей приходилось нарушать привычную затхлость наших понятий, то есть приличие... Не случайно же вырвалось у нее такое четверостишие:"За такую скоморошину, откровенно говоря, мне свинцовую горошину ждать бы от секретаря''... С такой перспективой стоило ли вслушиваться в свой голос и, преодолевая собственные колебания и отталкивания, искать как бы поделикатнее нарушить каноны литературоведческих доводов и доказательств?..

Всему свой черед — исчезли у нас и стихи, и проза, и все виды эссеистики, а на разводку оставили только приглушенную и упорядоченную псевдоакадемическую статью. Не дорвалась до самостоятельной прозы и Ахматова — даже до планомерной записи своих мыслей о поэзии и о Пушкине, но говорила она о нем много, как о "первом поэте", и с кем угодно, кроме Мандельштама. Его она вроде как стеснялась, но все же ей порой хотелось разведать, как бы он отнесся к той или иной мысли. "Золотого петушка" (от этой работы Ахматова впоследствии сама отказалась) Мандельштам похвалил за хорошо разработанную аргументацию — "как шахматная партия",— сказал он, — но по существу дела не высказался. Зная, как трудно добиться от него толку, Ахматова придумала своеобразный способ выуживать его оценку. Под величайшим секретом — не дай Бог, дойдет до пушкинистов! — она втолковывала мне "план следующей статьи", а потом через день-другой, спрашивала:— Что Осип сказал? Как он?.. Она нисколько не сомневалась, что Мандельштаму все ее секреты, не только пушкиноведческие, я выбалтываю сразу — сходу, хоть бы тысячу раз обещала никому и никогда... Да к тому же я знала, что ей только этого и нужно, и вполне добросовестно служила передаточной инстанцией.

Однажды, когда Ахматова гостила у нас на Фурмановом переулке, а Мандельштам ушел на утреннюю прогулку — он вставал рано и сразу рвался на улицу — я выслушала соображения Ахматовой о "Моцарте и Сальери". Ахматова вела нить от "маленькой трагедии" к "Египетским ночам". В этих двух вещах Пушкин, по ее мнению, противопоставил себя Мицкевичу. Легкость, с которой сочинял Мицкевич, была чужда Пушкину, который упрекал даже Шекспира в "плохой отделке". Моцарт и Сальери из "маленькой трагедии" представляют два пути сочинительства, и Ахматова утверждала, что Моцарт как бы олицетворяет Мицкевича с его спонтанностью, а себя и свой труд Пушкин отождествлял с Сальери. Эта концепция очень удивила меня: мне всегда казалось, что именно в Моцарте я узнаю Пушкина — беспечного, праздного, но такого гениального, что все дается ему легко и просто, словно "птичке Божьей". По школьному невежеству мы считаем, что "вдохновенные" стихи не требуют ни малейшего труда, а кто ж, как не Пушкин, вдохновенный певец? Это одно из укоренившихся в нас ложных представлений — под стать простоте и понятности того же Пушкина, существующих только в воображении ленивых читателей. Едва заикнулась я о "птичке Божьей", как Ахматова разъярилась и заявила, что я не только Пушкина не знаю, но даже собственного мужа, Мандельштама, не читала:"Вы статью в "Аполлоне" про "собеседника" читали?"(В ней Мандельштам выразил сомнение, что Пушкин под "Птичкой Божьей"

35

имел ввиду поэта:"Нет оснований думать, что Пушкин в своей песенке под птичкой разумел поэта... Птичка "встрепенулась и поет", потому что ее связывает "естественный договор" с Богом — честь, о которой не смеет мечтать самый гениальный поэт")".. Ахматова тут же вынула пачку фотографий черновиков Пушкина. Они свидетельствовали об огромном и целенаправленном труде. Моцарт, не исторический, разумеется, а тот, что дан Пушкиным в "маленькой трагедии", этого труда не знал. Носителем его был Сальери.

Для подкрепления своей концепции Ахматова использовала "Египетские ночи". Мицкевич, как известно, не раз выступал в московских салонах с импровизациями, демонстрируя легкость, с которой он владел стихотворным потоком. По этому признаку Ахматова отождествила импровизатора из "Египетских ночей" с Мицкевичем, а у Чарского и до нее пушкинисты отметили ряд черт самого Пушкина. Чарский — светский человек, и поэзия его частное дело, закрытое для общества и для праздной болтовни литературных салонов. Такова и литературная позиция Пушкина, сказала Ахматова (я бы сказала — та, которую он бы хотел соблюдать).В зрелые годы, говорила Ахматова, Пушкин был очень закрыт, сдержан, "застегнут на все пуговицы". Он держался неприступно и холодно, как броней защищаясь личиной светского человека. (Мандельштам ту же мысль выразил бы так: Пушкин брезгливо относился к незащищенному положению поэта в обществе и, борясь за социальное достоинство поэта, строго соблюдал дистанцию). Мицкевич вел себя по-иному — он был открыт и доверчив и в тех же салонах появлялся именно как поэт. Это подтверждается хотя бы тем, что он охотно давал "сеансы" импровизации, Пушкин же ни на какую демонстрацию поэтического дара не пошел бы. (Мне кажется, что открытость Мицкевича объясняется тем, что он поляк и вращался главным образом среди поляков, а они, кажется, своих поэтов не убивали и относились к ним по меньшей мере с уважением).

Итак, Ахматова хотела построить свою статью на противопоставлении Мицкевича (импровизатор из "Египетских ночей" и Моцарт "маленькой трагедии") и Пушкина (Чарский и Сальери). В подкрепление своих слов она привела еще кое-какие доводы и материалы, но Мандельштам вникать в них не стал. Минутку подумав, он сказал: "В каждом поэте есть и Моцарт, и Сальери" Это решило судьбу статьи — Ахматова от нее отказалась.

Это совершенно случайный эпизод, и к пушкиноведению, как оно у нас сложилось, никакого отношения не имеет. Меня интересует в нем позиция Мандельштама, который, написав "Разговор о Данте", по-новому взглянул на два типа созидательного процесса, представителями которого Пушкин в своей "маленькой трагедии" сделал Моцарта и Сальери. В статьях 1922 года Мандельштам дважды отвергал Моцарта и превозносил Сальери. Кроме того, я считаю этот случай характерным и для "пушкиноведения" Ахматовой. В своих статьях Ахматова искусственно подгоняла свои концепции под общие ходы действующего литературоведения — в данном случае она искала прототипы. Я вижу в этом симптомы болезни, распространенной среди нестандартных людей: они чураются себя и хотят быть, как все. Быть самим собой не легко — и себя-то понять трудно, а когда поймешь, становится страшно, как отнесутся к этому люди, не удивит ли их резкость и неожиданность твоего подхода к вещам, о которых уже много говорили, но совсем не так, как ты... Ахматова хотела быть литературоведом, как все, и свое настоящее живое отношение к поэзии и к поэтам выдавала только в разговорах, а не в "планах статей" и не в статьях.

Впервые разговорившись с Ахматовой еще в Царском Селе, я вдруг заметила, что о поэтах прошлого она говорит так, будто они живы и только вчера забегали к ней прочесть свежие, только что сочиненные стихи и выпить стакан чаю. В сущности Ахматова, сама того не зная, была последовательницей Федорова. Только то, что Федорову представлялось священным долгом потомков, а именно — вокрешение умерших предков, а именно— воскрешение умерших предков стало у Ахматовой естественным актом дружбы, живым и активным отношением поэта к родоначальникам — друзьям и братьям в доме единой матери — мировой поэзии. Федоров, сын своего века, не случайно во многом соприкасается с материалистами: он то и дело говорит их языком и, до ужаса доверяя науке, ее безграничной силе и способности разрешать все вопросы жизни и смерти, ждет от нее чуда — точно разработанных методов воскрешения мертвых. С помощью науки он хочет вернуть в историю и в текущее время тех, кто уже участвовал в исторической драме и прошел дарованный ему отрезок исторического пути. Воскресив всех мертвых и одержав таким образом победу над временем, люди, по мнению Федорова, войдут в новую, очевидно, внеисторическую, стадию существования, которая будет чем-то вроде царствия небесного на земле. Федоров придумал своеобразный вариант российского хилиазма, в котором причудливо переплелась "великая славянская мечта о прекращении истории" и рационализм девятнадцатого века. Слова о "великой мечте" взяты из юношеской статьи Мандельштама "Петр Чаадаев". Дальше он говорит:"Это — мечта о духовном разоружении, после которого наступит некоторое состояние, именуемое "миром"... Еще недавно сам Толстой обращался к человечеству с призывом прекратить лживую и ненужную комедию истории и начать "просто жить". "...Не случайно Толстой чрезвычайно чтил Федорова... Мне кажется, что в самой идее о возвращении к жизни на земле — а если не хватит места на земле, то на прочих планетах, — всех мертвых есть равнодушие не только к истории, но и к людям. Ведь каждый человек существует не сам по себе, а является участником великого действия, которое разыгрывается здесь на земле — во времени и в пространстве, где нам суждено действовать. Что будем делать мы, возвращенные на землю с помощью федоровской науки, в толчее воскрешенных поколений с самого сотворения мира? Нам пришлось бы искать своих современников, да стоит ли овчинка выделки!.. К счастью, акт воскрешения, как и акт творения, науке не подвластен. Бурное развитие науки в двадцатом веке очертило ее возможности и подорвало веру в ее всемогущество".

Совсем иначе осуществляют федоровское дело поэты. Пастернак как-то сказал мне про Мандельштама:"Он вступил в разговор, заведенный до него". Вероятно, у каждого поэта есть жажда встречи и разговора со своими предшественниками, острое и напряженное личное отношение к тем, чей голос они слышат в живых стихах, но кого уже нет на земле. Это не просто горечь "невстречи", с поэтами, с которыми они разведены во времени, но и страстное желание преодолеть время, войти в соприкосновение с ними, словом, осуществить частичное, выборочное воскресение актом любви, преданности, восхищения... В "Разговоре о Данте" Мандельштам заметил, что "избранный Дантом метод анахронистичен — и Гомер, выступающий со шпагой, волочащейся на боку, в сообществе Вергилия, Горация и Лукиана из тусклой тени приятных орфеевых хоров, где они вчетвером коротают бесслезную вечность в литературной беседе , — наилучший его выразитель"... В Ташкенте, живя на балахане, мы читали с Ахматовой прелестные стихи Китса (Ахматова говорила, что Китс ей почти физиологически напоминает Мандельштама) и отметили, что он мечтает на том свете посидеть в таверне рядом с самим Шекспиром. А сама Ахматова, как мне кажется, надеялась, что в будущей жизни, которую она представляла себе, как настоящий пир поэтов, ей удастся оттеснить всех случайных подруг и завладеть по праву всеми поэтами всех времен и народов и выслушать все лучшие стихи... Она даже заранее предупреждала меня, что там у жен никаких преимуществ не будет...

В ожидании будущего пира Ахматова занималась Пушкиным и, острым глазом проникая в его мысли, замыслы, чувства, как бы совершала частичное воскрешение. Ее вел безошибочный инстинкт поэта, и она часто замечала то, что ускользает от взгляда равнодушного и объективного исследователя, который раскладывает по готовым рубрикам части поэтического целого. Юношей Мандельштам сказал:"На стекла вечности уже легло мое дыхание, мое тепло". Вот именно это дыхание и тепло собирала Ахматова, проникая в замыслы Пушкина, разыскивая скрытые пружины, которые побудили его приступить к той или иной вещи. Потом, устыдившись ненаучности своих прозрений, она строила с виду точные, а на самом деле механические подпорки традиционного литературоведения и блистала аргументацией, точной как шахматные ходы. Блестящие прозрения Ахматовой — поэта и читателя — скрывались за изящным построением статей Ахматовой-литературоведа.

ОСНОВНАЯ ПРЕДПОСЫЛКА

В записных книжках Мандельштама есть такая запись:"Новая литература предъявила к писателю высотное требование (к сожалению, плохо соблюдаемое и неоднократно поруганное): не смей описывать ничего, в чем так или иначе не отразилось бы внутренее состояние твоего духа"... Что лирика "так или иначе" отражает внутреннее состояние духа, это мы все же помним. Что касается прозы и стихотворных форм с большой степенью объективации, то здесь, развращенные беллетристикой, мы видим план, сюжет, замысел, идеи, авторские и взятые на прокат, так называемые приемы — все, что угодно, только не боль и радость создателя, не его метания в поисках огонька или просветления, не то, о чем он спрашивает, и не то, на что, ему кажется, он получил ответ. Готовая вещь или "буквенница", как ее называл Мандельштам, почти никогда не раскрывает импульса, истинного побуждения к ее написанию. Внутренняя тема всегда более или менее скрыта:"Все в порядке:лежит поэма и, как свойственно ей, молчит. Ну, а вдруг как вырвется тема, кулаком в окно застучит"... Понимание внутренней темы, основного испульса, той беседы, которую создатель вел сам с собой прежде, чем приступить к работе, и вопроса, который его мучил, расширяет наше понимание готовой вещи, разкрывает ее глубину.

Ищущий дух человека, который молит об откровении или, вернее, о мгновенном озарении,— ведь именно в нем источник искусства и всяческого познания. На каждой истинной находке всегда отражается истинное состояние духа того, кто искал и нашел, оставляя неизгладимый личностный отпечаток на всем, что создано или угадано человеком. Именно наличие личной и духовной основы отличает подлинное от бесчисленных суррогатов, которыми завален огромный и многоголосый рынок искусства и науки. У нас нет критерия, чтобы отличить подлинное от суррогатов. Как правило, ловкий суррогат сначала кажется истинной находкой, но самое замечательное, что он неизбежно отмирает и не выдерживает проверки временем, хотя все, казалось бы, сулило ему долгую жизнь. В сущности, эта "проверка временем" столь же необъяснима, как и само создание подлинного и его поразительная устойчивость. Ахматова не раз удивленно говорила мне:"Стихи это вовсе не то, что мы думали в молодости" и "Кто мог бы подумать вначале, что стихи окажутся такими устойчивыми". А Мандельштам со свойственным ему легкомыслием убеждал меня не тратить сил на прятанье и перепрятыванье листочков со стихами. "Люди сохранят", — говорил он. Я не хотела идти на такой риск — можно ли полагаться вообще на людей? Он успокаивал меня:"Если не сохранят, значит, это ничего не стоит"... В этом сказалась его глубокая вера в устойчивость истинного и, считая, что сам себе человек не судья, не желал задумываться о том, чего стоят его стихи. Он был бы прав, если б мы жили в обычную эпоху, когда каждый человек доживает до собственной отдельной и индивидуальной смерти, а стихи спокойно отлеживаются в столах или в виде книг, дожидаясь часа беспристрастного суда. Но в нашу эпоху массовых гибелей и уничтожения не только рукописей, но и книг, все же права была я, а не он. Ведь до сих пор — уже почти полвека прошло с этих разговоров, — а наследство Ахматовой и Мандельштама еще не передано на суд людям.

Всем уже известно, что любой портрет является в то же время и автопортретом художника, так же и любая вещь с любой степенью абстрагированности — тот же портрет, слепок, отпечаток духа и внутренней формы ее создателя. Это достаточно заметно, когда речь идет о поэзии — самой личностной форме человеческой деятельности, но и законы, найденные Эйнштейном или, скажем, Ньютоном, тоже портреты их создателей, дыхание и тепло этих людей на стеклах вечности. В.Вайсберг привел мне серьезный довод против моей мысли, что наука имеет такой же личностный характер, как искусство. Он отметил, что любая вещь, даже второстепенного художника неповторима, а научное открытие может быть сделано разными людьми — совершенно независимо друг от друга. Я спросила, что думает об этом И.Гельфанд. По его мнению, безличностный вид открытия в науке объясняется тем, что ученые привыкли — такова традиция — давать сгущенные и абстрагированные формулы того, что ими найдено. Поэтому выводы науки безличностны, а путь к их открытию всегда индивидуален и неповторим. А ведь действительно, именно сейчас стали интересоваться не только выводом, но и путем, которым шел ученый. Не случайно почти все великие физики нашего века оставили книги, раскрывающие их путь и миропонимание, и нам, читателям, даже далеким от науки, они не менее нужны, чем автопризнания людей искусства. Что же касается до меня, то я глубоко верю, что все виды духовной деятельности человека имеют один источник и одну психическую и духовную основу: человек, вернее, человечество, — "Айя-София с бесчисленным множеством глаз" — одарен познавательной способностью, и в этом его высшая природа. А глаза, зрение для Мандельштама — это орудие познания. И при этом всякий акт познания, как бы он ни был подготовлен усилиями самых разных людей, всегда совершается отдельным человеком, "избранным сосудом", говоря по старинному, и носит отпечаток его личности.

В поэзии — каждое слово автопризнание, каждая ставшая вещь — часть автобиографии. Читая Достоевского, мы ни на минуту не забываем, что это исповедь грешника, внутри себя раскрывшего пороки и просветы своей эпохи и тем самым прозревшего будущее. Внутреннее состояние духа и личная основа — таково первичное условие создания литературного целого. Это условие необходимое, хотя и не единственное.

Никто не усомнится, что в каждой вещи Пушкина есть личная основа, нечто, отражающее внутреннее состояние его духа. Найти это "нечто", значит проникнуть в первопричину создания вещи, вскрыть побуждение или затаенную внутреннюю тему. Ахматова воскресила Пушкина, увидав, как он, живой, томится тревогой, пытаясь осознать, в чем смысл его встречи с Мицкевичем, и как они двое, живущие поэзией и знающие ее тайны, пошли разными путями в своем труде и в отношениях с обществом. В готовых вещах нет уже ни Мицкевича, ни Пушкина. Есть Моцарт и Сальери — два крайних проявления созидательного процесса, есть Чарский и бродяга-импровизатор, из портрета которого, вероятно, сознательно изъяты все черты сходства с Мицкевичем. Не потому ли Пушкин не закончил и не опубликовал "Египетские ночи", что в обществе еще помнили об импровизационном даре Мицкевича и о его выступлениях в салонах? Мицкевич, не прототип Моцарта или импровизатора, но встреча с польским поэтом могла навести Пушкина на мысли, которые, оформившись, дали сначала "маленькую трагедию", а потом, вероятно, в связи с проблемами, вставшими перед Пушкиным в Петербурге, набросок об импровизаторе. Своей гипотезой о становлении этих вещей Пушкина Ахматова сделала не литературоведческое открытие — литературоведение такими вещами не занимается, — но обнаружила первоначальное состояние Пушкина перед тем, как у него сложилась концепция "маленькой трагедии", выявила первооснову этой вещи.

Согласно Ахматовой, Пушкин, удивленный спонтанностью в работе Мицкевича, выявляет тип поэта, живущего озарениями, и называет его Моцартом. Свой способ работы он дает Сальери. Согласно Мандельштаму, Пушкин абстрагирует две стороны созидательного труда, без которых ни один поэт обойтись не может. "Маленькая трагедия" — вещь многоплановая. И.Семенко видит в ней тему гения (Моцарт) и его божественной, несовместимой со злодейством, природы. Гений вызывает зависть (как известно, у Пушкина есть запись о Сальери с такой фразой: "Завистник, который мог освистать Дон-Жуана, мог отравить его творца"... Это относится к одной из легенд об отношениях Моцарта и Сальери. Заслуживает внимания, что эта запись сделана уже п о с л е того, как "маленькая трагедия Моцарт и Сальери" была написана и даже опубликована).

Принимая тему зависти к гению, как основную тему "маленькой трагедии", И.Семенко отмечает, что сам Пушкин, хотя и молчал об этом, но знал, что у многих он вызывает зависть (у Катенина, например, и у Языкова). Об этом свидетельствуют следующие строки Пушкина: "Я слышу вкруг себя жужжанье клеветы, решенья глупости лукавой, и шепот *зависти*, и легкой суеты укор веселый и кровавый"... Она напоминает, что Пушкина могли воспринимать, как *недостойного носителя дара*. О том, что "гений" Пушкина обращен на недостойные предметы ему писали в письмах А.Бестужев и Жуковский... Все эти упреки вполне напоминают и позиции

Сальери из "маленькой трагедии". Все доводы И. Семенко ведут к опровержению ахматовской концепции о "сальеризме" Пушкина.

Мне кажется, что обе эти точки зрения не так уж непримиримы. Ахматова могла угадать импульс к написанию "маленькой трагедии", а И.Семенко говорит о готовой вещи. Но я не думаю, чтобы Пушкин отождествлял себя либо с Моцартом, либо с Сальери. Скорее, он знал в себе черты обоих — и спонтанность дара и труд. Это знает любой поэт, и об этом свидетельствуют черновики. Моя же задача не связана с пушкиноведением, а только с тем, как понимал Мандельштам две стороны созидательного процесса, которые он обозначил словами "Моцарт" и "Сальери" в разговоре — через меня — с Ахматовой.

ПЕРВОНАЧАЛЬНЫЙ ИМПУЛЬС

В заметках к "Юности Гете" Мандельштам написал несколько слов об одном из самых, по его мнению, замечательных стихотворений Гете:"Такие вещи создаются как бы оттого, что люди вскакивают среди ночи в стыде и страхе перед тем, что ничего не сделано и богохульно много прожито. Творческая бессонница, разбуженность отчаяния сидящего ночью в слезах на своей постели, именно так, как изобразил Гете в своем "Мейстере". Конницей бессонниц движется искусство народов, и там, где она протопала, там быть поэзии или войне"...

Вероятно, и Ахматова знала этот вид бессонницы, потому что через несколько лет, совершенно независимо от Мандельштама, чью работу о Гете она не читала — это была передача для воронежского радиоцентра — у нее появились строчки:"Уж я ли не знала бессонницы все пропасти и тропы, но эта, как топот конницы под вой одичалой трубы"... Это стихотворение сорокового года, когда в ушах у Ахматовой зазвучала поэма и никакие попытки совладать с нею или заглушить ее не удались. Ахматова рассказывала, как она бросилась стирать белье и топить печи; хотя от хозяйства всегда отлынивала, она сейчас была готова на все, лишь бы унять тревогу и шум в ушах. Ничего из этого не вышло — поэма взяла верх над сопротивляющимся поэтом Такую бессонную тревогу заглушить, очевидно, нельзя, пока она сама не уляжется, уступив место рабочему состоянию. Таков самый первый этап — как бы предвестие назревающих стихов, как, вероятно, и любой другой созидательной работы.

Возникает вопрос: почему в этой записи Мандельштам упомянул войну, а в стихи Ахматовой ворвалась труба из военного духового оркестра. Детство Гете прошло в период Семилетней войны, и он часто об этом говорит в своей автобиографической книжке ("Правда и вымысел"), но я не думаю, чтобы слова о войне пришли Мандельштаму по ассоциации: его все же вела обычно мысль, а не ассоциация. И почему-то Ахматова тоже поняла нечто связанное с войной и походами, когда заговорила об этой бессоннице? Что это — внутренняя мобилизация? Сигнал к сбору в поход? Атавистический страх или инстинкт войны? Мандельштам на войне не был, Ахматова же, как полагается женщине, только провожала и плакала, но все же почуяла одичалую трубу, неизвестно куда призывавшую и влекущую.

По неписанному, но непреложному закону имя Пушкина никогда среди нас не упоминалось в одном контексте с другими, особенно с современными нам поэтами. Мне пришлось преодолеть внутренний запрет, смягченный лишь тем, что я уже назвала Гете, чтобы сказать, как Пушкин говорил о том состоянии,которое предшествует работе. Это "Духовной жаждою томим, в пустыне мрачной я влачился" и "Как труп в пустыне я лежал"... В прошлом веке из всех переживаний открыто говорили только о любви, да и то обычно, как о влечении и влюбленности. Чтобы раскрыть свой созидательный опыт, Пушкин прибегнул к мифу о пророке, но смысл стихов совершенно ясен.

Ахматова назвала это состояние "предпесенной тревогой". Такая тревога предшествует не каждому стихотворению, но скорее циклу, периоду, книге или в том или ином виде цельному этапу. Впрочем, и отдельное стихотворение, стоящее изолированно от других, может перед своим возникновением вызвать приступ "предпесенной тревоги". Иногда она охватывает человека и в гуще работы, знаменуя какой-то сдвиг, новый ход, поворот внутренней темы.

"Разбуженность отчаяния" или "предпесенная тревога" — это только предчувствие "темы", ожидание ее прихода. Я говорю о внутренней теме, а не о том, что называется темой в школьном понимании, то есть не об исходном моменте для последующих рассуждений. Сама "внутренняя тема" еще не содержит в себе никакого материала и не оформляется ни как довод, ни как тезис. В "Разговоре о Данте" Мандельштам так ее определяет: "В ту минуту, когда у Данте забрезжила потребность в эмпирической проверке данных предания, когда у него впервые появился вкус к тому,что я предлагаю назвать священной — в кавычках — индукцией, концепция "Divina Comedia" была уже сложена и успех ее был уже внутренне обеспечен". В этой главе говорится о комедии в целом и в частности о третьей ее части, а не о первой и наиболее популярной, об отношении Данте к библейской космогонии и к авторитету, а так же о его методах "проверки предания", которые Мандельштам сравнивает с постановкой эксперимента в современной науке.

Не случайно в этой фразе сказано, что внутренняя тема "забрезжила", то есть получила слабые и неясные очертания. Об этом моменте рассказал и Пушкин, вспоминая, как он, словно сквозь "магический кристалл" еще неясно различал "даль свободного рамана". В статье "Слово и культура" у Мандельштама есть несколько слов об этом самом раннем этапе становления стихов:"Стихотворение живо внутренним образом, там звучащим слепком формы, который предваряет написанное стихотворение. Ни одного слова еще нет, а стихотворение уже звучит. Это внутренний образ, это его осязает слух поэта".

В определении Мандельштама есть свойственный ему синтез чувств. "Слепок" — это то, что слеплено, до чего дотрагивались пальцы, когда лепили, но осязает он этот "слепок" слухом. Все пять чувств у Мандельштама были очень развиты, и не только слух, музыкальный и острый, не только вкус и зрение, но и осязание, сильное почти как у слепого. Возражая против чрезмерной конкретности, он писал: "К чему обязательно осязать перстами? Сомнения Фомы", но тут же вспомнил слепого, который "узнает милое лицо, едва прикоснувшись к нему зрячими перстами"... Как известно, интеллектуальное напряжение получает обычно моторную разрядку — в ходьбе, в движении рук или губ. Я думаю, что напряжение в моменты "предпесенной тревоги" вызывало это обострение всех пяти чувств. Ведь они, по мнению Мандельштама, "лишь вассалы, состоящие на феодальной службе у разумного, мыслящего, сознающего свои достоинства "я"...

На этом этапе созидетельного труда поэт погружен в себя, он вслушивается в себя, в свой внутренний голос. Хорошо об этом сказал Ходасевич, трогательно пожаловавшись, что "простой душе невыносим дух тайнослышанья тяжелый — Психея падает под ним"... Для Мандельштама это период особой тишины. Молодой врач Ю. Фрейдин сделал доклад на конференции в Тарту о психологии стихотворчества, основываясь на юношеском стихотворении Мандельштама, где описан как раз этот момент напряженного вслушивания:"Слух чуткий парус напрягает, расширенный пустеет взор, и тишину переплывает полночных птиц незвучный хор". Внутренний голос тих и не звучен, как шепот (не включены голосовые связки — отсюда отсутствие звонкости) .

Несколько иначе протекал этот этап у Ахматовой. Во-первых, у нее мелькали зрительные образы (" видения скрещенных рук"), во-вторых, она говорит не о тишине, а о множественности слышимых ею голосов: "неузнаных и пленных голосов", ей "чудятся и жалобы и стоны", а далее из не смешанных, не очень дифференцированных шумов встает "один все победивший звук". В этом как будто сказывается природа ее дарования:"один звук" обеспечивает однозначность, а может, и новеллистичность ее стихов, которые почти всегда развертываются как рассказ об одном моменте. В этом своеобразие и сила Ахматовой, и отсюда проистекает ее лаконизм.

У Мандельштама вслушивание переходит в бормотание и появляется не один победивший звук, а ритмическое целое:"И так хорошо мне и тяжко, когда приближается миг, и вдруг дуговая растяжка звучит в бормотаньях моих"... С этой минуты уже приходят слова:"Как эту выпуклость и радость передать, когда сквозь слез нам слово улыбнется"...

Процесс сочинительства, судя по этим данным, на своем начальном этапе представляется так: предварительная тревога, звучащий слепок формы или "незвучный хор", смутно ощущаемый слухом, первичное бормотание, в котором уже проявляется ритмическое начало и приходят первые слова. Тревога сменяется радостью первых находок. Но дальше поэта ждет новая беда — поиски потерянного слова.

В наше время, раскрепостившее самоанализ, отнюдь не фрейдистский, а несравненно более глубокий и реальный, два поэта, ничем друг с другом не связанные, разделенные пространством и условиями жизни, говорившие на разных языках и даже не слышавшие друг о друге, Элиот и Мандельштам, рассказали о горьком чувстве, вызванном потерей слова. Это несчастье, знакомое, вероятно, каждому подлинному поэту, составляет как бы ''издержки производства''. Внутренний голос, к которому прислушивается поэт, так неуловимо тих, что, даже мобилизовав все свои чувства, в том числе и память, поэт не всегда может уловить это неуловимое слово:''А на губах как черный мед горит и мучит память. Не хватает слова — не выдумать его: оно само гудит, качает колокол беспамятства ночного''...

В этом черновике отчетливо выразилось отношение Мандельштама к слову: оно существует как абсолютная реальность — в языке, в традиции — и в строке нужно именно то, которое ускользнуло, и заменить его ничем нельзя, хотя заменителей существует сколько угодно. Выдуманное слово или слово-заменитель — это случайность, в то время, как в поэзии все закономерность. Мандельштам не раз вступал в полемику с символистами и с футуристами, обвиняя и тех и других в произвольном обращении со словом. Мне кажется, что самое существенное во всех этих разговорах, это жалоба — ''не выдумать его'' — и замечание в ''Разговоре о Данте'' о безорудийной, словарной, чисто количественной природе словообразования. Выдуманное слово, даже удачное, даже прочно вошедшее в словарь, ничего в языке не меняет, кроме чисто количественных данных.

Элиоту вряд ли пришлось сталкиваться с корнесловием, словотворчеством или превращением слова в символ, дествительный только в системе данного стихотворения или данного поэта, но, вероятно, он в чем-то был близок к Мандельштаму в понимании слова, если так совпала тема их стихов.

Скорее всего это сознание закономерности и незаменимости слова в стихах, а так же понимание слова, как Логоса. У Элиота есть совпадения и с Ахматовой, например, со стихотворением "Но я предупреждаю вас, что я живу в последний раз"... Вероятно, эти совпадения кроются в миропонимании этих поэтов, в их принадлежности к христианской культуре в период ее глубочайшего кризиса, столь же ощутимого на Западе, как и у нас.

Известно, что состояние, в котором слышится внутренний голос и сочиняются стихи, не зависит от воли поэта — искусственно вызвать его нельзя. Поэт невластен над ним, как и над словом. Об этом говорил Пушкин. Это знал Мандельштам с ранней юности:"Отчего душа так певуча, но так мало милых имен, а мгновенный ритм — только случай, неожиданный Аквилон" — Внезапность и неожиданность этого Аквилона — основная его черта. Где же его источник? В стихах Гете о "разбуженности отчаяния" сказано, что тот, кто не изведал этого состояния, не знает и небесных сил. Не сродни ли состояние, в котором поэт прислушивается к неслышимому нами и только в его душе звучащему голосу, с тем, что называется религиозным или мистическим опытом? Мне случалось видеть, как "расширенный пустеет взор". Это таинственный миг, проникнуть в который нельзя, и то немногое, что я о нем сказала, не может раскрыть его сущности.

Надо еще сказать два слова о своеобразии и неточности современной терминологии. Для обозначения "звучащего целого", которое Мандельштам назвал "слепком", то есть, для еще не осуществленного, но уже в сознании поэта целостного стихотворения, сейчас часто употребляют взятое из научной терминологии слово "модель". В науке модель явления строится на основании теории, объясняющей явление. Так, например, была построена модель атома на основании

В поэзии иное отношение к объекту, чем в науке, поэтому нельзя переносить понятий из науки о природе в науку о поэзии, если такая существует. Стихотворение — это явление, созданное поэтом, и в этом явлении субъект и объект неотделимы. Изучая готовое стихотворение, можно строить какие угодно модели, но их можно накладывать только на образцы описательной поэзии или на то, что в поэзии поддается пересказу или расчленению на отдельные образы. А это "вернейший признак отсутствия поэзии: ибо там, где обнаружена соизмеримость вещи с пересказом, там простыни не смяты, там поэзия, так сказать, не ночевала"...

ИМПРОВИЗАТОР

Моцартовское начало лишь на поверхностный взгляд кажется родственным дару импровизации. Источники этих двух видов труда неравнозначны, а может быть, даже противоположны. Моцарт работает под озарением (В "Разговоре о Данте" Мандельштам назвал это "порывом"). Порыв или озарение сопровождает у него весь процесс сочинительства. Но это ли имел в виду Мандельштам, когда в юношеских стихах жаловался, что "широкий ветер Орфея" "ушел в чужие края"? Об особенностях дарования Моцарта из "маленькой трагедии" мы узнаем не от него, а из слов Сальери. Это он свидетельствует, что "священный дар" "озаряет голову безумца, гуляки праздного"... Ясно, почему Моцарт "праздный гуляка" — нужна же ему разрядка после того, как он весь отдается "тайнослышанью"... Мы узнаем и об оценке его труда: "Ты, Моцарт, бог и сам того не знаешь"... Носитель пленительной и новой гармонии не может не быть в часы досуга легкомысленной, хотя и не суетной душой. Суетным он быть не мог, потому что поэтическая правота — его неотъемлимый дар. Это отлично знал Пушкин, которого тоже обвиняли в том, что он недостоин своего дара, и знаменитое стихотворение о поэте, погруженном в "заботы суетного света", было просто вызовом обвинителям, а совсем не вынужденным автопризнанием. А сколько кривотолков породило это стихотворение и совсем не со стороны трудолюбцев, вроде Сальери, а скорее со стороны работодателей, заказчиков, опекунов и блюстителей культуры-приличия!.. Моцарт бы, наверное, никогда не выполнил заказа "черного человека", если бы не почувствовал приближения собственной смерти, а заказчики любят, чтобы все сроки соблюдались по точной букве договора. Этого Моцарт не мог сделать, потому что над "тайнослышаньем" он властен не был, а оно возникало не в договорные сроки, а по собственным, нам неизвестным законам.

У импровизации совершенно другая основа, чем у длящегося порыва. Импровизация не внутренний голос поэта, не напряженное вслушивание в себя, а работа на готовых элементах, на их элементарном складывании и склеиваньи, разворот ритмической машинки, которой обладают скорее версификаторы, чем подлинные поэты. Мандельштам однажды слышал, как импровизирует в кафе поэтов корректный, прилизанный Брюсов, "герой труда", как его называла неистовая Цветаева. Он предложил задать себе несколько тем, выбрал из них одну и ровно, почти без запинки, сочинил на глазах у публики средне-брюсовское стихотворение, составленное (в буквальном смысле слова) из обычных брюсовских слов, объединенных обычным — очень правильным и слегка прыгающим — ритмом, и с обычным брюсовским ходом мысли, казавшейся столь прихотливой и завлекательной его современникам.

Мандельштама удивило, что это — импровизированное — стихотворение Брюсова решительно ничем не отличалось от тех, которые собирались у него в книгах. Даже в импровизации у Брюсова не прорвалось никакой неожиданности ("Неожиданное — воздух поэзии") и не промелькнуло никакой случайности или неправильности. Герои труда всегда держат марку... Импровизированные стихи оказались такими же мертворожденными, как все, что писал Брюсов. "Точно такое стихотворение, как все у него",— разводил руками Мандельштам. Он удивлялся отнюдь не мастерству Брюсова (в поэзии не это называется мастерством, хотя и оно далеко не признак подлинного поэта, а скорее признак переводчика), а всей этой нелепице: пожилой человек находит удовольствие в том, чтобы публично продемонстрировать, как без затраты энергии сочиняются никому ненужные стихи. Бедный импровизатор из "Египетских ночей" пошел на такое бесплодное дело только ради денег, а Брюсюв делал это бесплатно или за такие гроши, на которые можно было заказать только стакан суррогатного чаю с фантастическим суррогатом пирожного. Это было в голодной Москве первых лет революции, когда оседлые люди, вроде Брюсова, жили на продажу тряпья, залежавшегося у них в квартирах, а вовсе не

60

на заработки, тем более не на литературные гонорары...

Не сомневаюсь, что импровизации Мицкевича, первозданного поэта, ни в какое сравнение с брюсовской не идут. Мицкевич обладал несравненно более широкой клавиатурой, чем Брюсов, и обширнейшим набором стихотворных элементов. Это обеспечило бы гораздо высший уровень импровизированного стихотворения, даже целиком собранного из готовых элементов. И, наконец, — кто знает? — нервная структура Мицкевича могла быть такова, что стихотворный порыв возникал в нем внезапно и даже от простого контакта с аудиторией: в единый миг, как вспыхивает электрическая лампочка. Нечто схожее, вероятно, свойственно актерам — зажигаться от контакта с аудиторией — и прирожденным ораторам. Пушкин в своем итальянце-импровизаторе вывел не версификатора типа Брюсова, а подлинного поэта — только в этом и существует нечто общее между импровизатором повести и Мицкевичем, во всем остальном они до предела несхожи. Ведь прежде, чем начать импровизировать, итальянец изменился в лице, словно почувствовал "приближение Бога". Не так ли всякий поэт ждет приближения "звучащего слепка формы" или порыва? Мне кажется исключительно важным, что Пушкин, скупой на откровенные высказывания о том, как протекало у него сочинительство, сблизил здесь, как бы невзначай, стихотворческий опыт с мистическим. В одной из самых значительных своих книг Франк, замечательный человек, свободный мыслитель и глубокий философ, доказывает существование мистического опыта и богообщения именно на аналогиях с опытом эстетическим и этическим. Я уверена, что поэт, познавший природу "тайнослышанья", не может быть атеистом. Впрочем, стать атеистом он может, отрекшись от своего дара или утратив его, только кончается это всегда трагедией. Отрекались же от своего дара довольно часто и ради низменных целей, и по легкомыслию и, главное, потому, что у людей не хватает душевных сил, интеллекта и нравственной выдержки для столь сурового испытания. А я к аналогии Франка прибавила бы и опыт научной интуиции и вооообще познания, которые вообще привыкли связывать только с мыслительными (рациональными) способностями человека. Подобным же образом искусство часто отрывают полностью от рациональных элементов, хотя без них оно существовать не может. И наука, и искусство требуют всех духовных способностей человека — во всей их сложности.

Хотя импровизатор почувствовал приближение Бога, тем не менее в импровизации даже подлинного поэта наряду с подъемами, неожиданностями и сгустками вибрации неизбежны падения, случайности, пустоты, заполненные отработанными элементами. Иначе говоря, импровизация состоит из отдельных взлетов, связанных соединительной тканью (часто сюжетной, потому что это легче), из готовых элементов. Причина такой структуры понятна: импровизатор, будь он сам Мицкевич, не имеет времени, чтобы вслушаться в себя, в свой внутренний голос. По условиям игры он не должен разочаровывать публику длительными паузами. У импровизатора почти до нуля сжата первая стадия процесса — тревога в ожидании порыва — и промежуточная, когда "расширенный пустеет взор" и наступает внутренняя тишина или "видения скрещенных рук". Поэт может погрузиться в себя, чтобы услышать высшее, что в нем заложено, только в минуты чрезвычайной сосредоточенности, а этого достичь на эстраде, под взглядами толпы, вероятно, почти невозможно. Даже актеры отделяются от зрительного зала тем, что погружают его в полумрак. Ярко освещенный зал цирка допустим только потому, что цирковое искусство дальше всего отстоит от импровизации и тайнослышанья. Оно основано на чистом мастерстве и на детальной проработке малейшего движения.

Тайнослышанье — тайна поэта. Чтобы скрыть его, Пушкин призывал поэта жить одному. Поэтический дар не терпит суеты и, хотя поэт в минуты перерывов как будто погружен "в заботы суетного мира", на самом деле это не совсем так. Как бы он ни старался приладиться к людям, в нем всегда есть известная отчужденность. И у Ахматовой, и у Мандельштама перерывы в стихописании бывали достаточно длительными, но все же даже среди друзей нет-нет, да вдруг проскользнет тень, словно они проверяют себя — не зашевелилось ли что у них в душе. С виду веселые и общительные, они все же вдруг своим сознанием отрывались от окружения, как бы прятались от него. Ахматова лучше регулировала эти состояния, чем Мандельштам, она старалась запрятать их, чтобы потом, притворившись больной, убежать. Мандельштам отчуждался и на людях и, вслушиваясь в себя, вдруг переставал слышать, что ему говорят. Его страсть к ходьбе и прогулкам — обязательно одиноким — отвечала его потребности одновременно быть среди людей — прохожих — и одному. Пастернак, тоже общительный и любивший завораживать и очаровывать людей, вдруг от них отталкивался, менял весь тон разговора, становился отрывистым и резким. Эти повороты казались бы необъяснимыми, если бы не знать таинственной потребности поэта вдруг побыть наедине с самим собой. Это вовсе не значит, что он тут же начнет писать стихи. Чтобы начать писать стихи, надо жить и, живя, часто бывать одному.

Чарский, как он дан Пушкиным в "Египетских ночах", отчуждался от людей, воздвигал невидимую прегородку между собой и светским обществом, к которому он принадлежит. В этом его социальная позиция — личина светского человека. Но в его поведении есть нечто и от потребности поэта к некоторому отчуждению или, как это называл Мандельштам, дистанции. Отношение Чарского к обществу не мотивировано — показано, как данность. Замкнутый и отделившийся от общества Чарский противопоставлен импровизатору не как поэт — мы даже не знаем, что он пишет и как работает — а только по отношению к обществу.

Проза и стихи поэта составляют одно целое,

но роль тайнослышанья при сочинении прозаических вещей, мне кажется, значительно меньше, а период предварительной тревоги не менее острый, чем перед стихотворной работой. Мне кажется, что вся почти проза поэтов — это самопознание, и поэтому может служить комментарием к стихам. Но ведь это верно и для книг самых наших крупных прозаиков — Достоевского и Толстого... Люди, вскормленные на беллетристике пустили слух, что проза поэтов нечто зыбкое и мало существенное для развития прозаических жанров. Чем дальше отступает современное литературное произведение от прямой речи человека, открыто или с целомудренной скрытностью ищущего и познающего себя, тем больший у него разрыв с прозой поэта.

Ахматова, несмотря на настоящую влюбленность в первого поэта, гордилась тем, что сохраняет непредвзятость и знает, в каких вещах он слаб и в каких силен. Из его прозы она ниже всего ставила ''Дубровского'', считая, что в этой вещи меньше всего от самого Пушкина. В ''Дубровском'' Пушкин, по мнению Ахматовой, задался целью написать обычную повесть, похожую на модные в его время литературные жанры. Иначе говоря, в ''Дубровском'' Ахматова не видела ни личного импульса Пушкина, ни его автопортрета, ни самопознания. Все же остальное — от случайной записи до совершеннейших вещей — носит отпечаток личности Пушкина.

Мне остается сказать два слова об особом виде импровизации поэтов: об экспромтах и шуточных стихах. Они тоже строятся на отработанном материале, но не в поэзии, а в прозе и в устной речи, и действует при их произнесении чисто версификаторский дар. По-своему, они очень портретны, потому что в них больше, чем в чем-либо, запечатлелась живая речь, озорство и смех. У Ахматовой несколько иной характер экспромта: это ее четверостишия, полные обычно горечи и даже издевки. Какова эпоха — таков и экспромт поэта.

САЛЬЕРИ ДВАДЦАТЫХ ГОДОВ

Мандельштам отмежевался от Моцарта и безоговорочно стал на сторону Сальери в двух статьях 1922 года. Он признал их равноправие лишь через двенадцать лет уже после того, как был написан "Разговор о Данте". У Ахматовой есть замечательные строчки: "А по набережной легендарной приближался не календарный — настоящий двадцатый век". Что двадцатый век наступил не сразу, как ему полагалось по календарным данным, а несколько позже, знают сейчас все, но некоторые считают, что он начался с войной 1914 года, другие — с гражданской, а я думаю, что обе эти войны ничего принципиально нового с собой еще не несли. Ужас и жестокость войны были только прелюдией, а перелом совершился по окончании гражданской войны, так что в 1922 году мы стояли в предверьи нового века. Мандельштам это знал и готовился к новой жизни. В той же статье, где он объявляет себя сторонником Сальери, есть несколько строк о том, когда-то "сегодняшнем дне": "Все стало тяжелее и громаднее, потому и человек должен стать тверже, так как человек должен стать тверже всего на земле и относиться к ней, как алмаз к стеклу. Гиератический, то есть священный характер поэзии обусловлен убежденностью, что человек тверже всего остального в мире". Не прошло и года, как все стало ясно, и в статье "Гуманизм и современность" Мандельштам снова заговорил о человеке, но уже в ином плане; вера в твердость человека была подорвана и на первый план выступила его беспомощность в сравнении с мощными формами социальной структуры.

Для Мандельштама это были новые мысли и новые слова. Было ясно, что в нем произошел какой-то перелом, и этому способствовало и приближение настоящего двадцатого века, и личные обстоятельства. Во-первых, гибель Гумилева, во-вторых, он жил уже не один, а со мной, и, может, впервые почувствовал ответственность за другого человека. И этого человека надо было кормить, а в те годы это было почти головоломной задачей. Что он думает о Гумилеве, я узнала по отрывочным фразам и решениям. Он твердо решил не возвращаться в Петербург — этот город для него внезапно опустел. А как-то он сказал, что когда группа распадается, на каждого ложится еще большая ответственность. Мы узнали о гибели Гумилева в Тифлисе, вероятно, в середине сентября. И в одном из стихотворений, написанных поздней осенью, тоже прозвучал этот новый голос.

Осенью мы жили у присланного из Москвы Б., с которым неоднократно говорили о том, что нас ждет. Однажды к дому, где мы жили, подъехали грузовики, и в несколько часов весь квартал был выселен. Тогда уже начали практиковаться массовые организационные действия, вроде переселения целого квартала или, как было когда-то в Киеве, обыска для "изъятия излишков", произведенного в одну ночь во всем городе. Теперь, после того, как мы испытали подлинную массовость предприятий, это кажется детской забавой, но тогда на нас, еще неопытных, эти переселения и обыски производили впечатление. Первые опыты — силы только набирались.

Постоянным жителям квартала выдали заранее приготовленные ордера на новое жилье. Нам ехать было некуда, и наши вещи бросили на полугрузовичок, мы назвали "Дом искусств", и шофер торжественно покатил нас по назначению. Мне почему-то запомнилась эта фантасмагория и забавнейшая деталь, придававшая всему еще более фантастический характер: шофер был негром. Откуда взялся негр, я не знаю, но он промчал нас по яркой центральной улице Тифлиса и остановился у изящного особняка в самой лучшей части Тифлиса. Этот особняк, брошенный владельцами, передали во владение поэтам из любимой в Грузии группы "Голубые рога". Мы самочинно, без разрешения властей и новых хозяев особняка "Голубых рогов", заняли один из небольших кабинетов на нижнем этаже, где были приемные, гостиные и террасы. На втором этаже жили Паоло Яшвили и Тициан Табидзе. Возмущенные нашим самочинством, слуги бегали жаловался комиссарам просвещения, за которыми числился особняк, и время от времени по приказанию комиссаров Канделаки и Брехничева не пускали нас в дом. Тогда с верхнего этажа спускался Яшвили и, феодальным жестом отшвырнув слугу, пропускал нас в дом. Мы продержались там около месяца. Поэты раздобыли Мандельштаму перевод Важа Пшавелы, и на террасах нижнего этажа время от времени между ними и Мандельштамом вспыхивали споры, в которые обе стороны вкладывали южную ярость и пыл. Мандельштам нападал на символизм, а Яшвили именем Андрея Белого клялся уничтожить всех врагов символистов. Антисимволистического пыла у Мандельштама хватило на все статьи 1922 года. Доводы оттачивались в тифлисских спорах. Младшие ''Голубые роги'', Гаприндашвили и Мицишвили тайно сочувствовали Мандельштаму, но старшие были непримиримы. Под конец Яшвили восклицал: ''Кто ты такой, чтобы нас учить!'' А ведь правильно — что за миссионерский пыл обуял Мандельштама, чтобы громит то, что он считал ересью, в чужой и незнакомой ему поэзии... Зато сходились все на одном: в оценке Важа Пшавелы.

Комиссары, убедившись, что примитивно — ручным способом — выгнать нас нельзя из-за сопротивления Яшвили, дали нам ордер на какую-то гостиницу с разбитыми стеклами. Мы побыли там несколько дней, выпили вина с соседями — грузинскими милиционерами — и через Батуми уехали в зиму — на север. Новый двадцать второй год мы встретили на пароходе в Сухуми.

Переломное стихотворение с новым голосом

"Умывался ночью   на дворе" было написано в Доме   искусств. Мандельштам действительно умывался ночью во дворе — в роскошном особняке не было водопровода, воду привозили из источника   и наливали огромную бочку, стоявшую во дворе — всклянь, до самых краев. В стихи попало и грубое домотканное полотенце, которое мы привезли с Украины. У нас всегда было пристрастие к домотканным деревенским холстам, коврикам-килимам, глиняным кувшинам, а теперь и стеклянная банка кажется настоящей вещью по сравнению с белорозовой пластмассой, которую Ахматова почему-то называла "бессмертной фанерой", включая сюда все нейлоны и перлоны... Смогут ли новые материалы стать   утварью или навсегда останутся изделиями? Думаю, что в понятие двадцатого века входит и смерть утвари, последнюю дань которой Мандельштам отдал в статье 22 года.

"Умывался ночью на дворе" — маленькое стихотворение. Оно пришло одно, и где-то заглохли другие, которых оно вело за собой. Его материал лишь чуть-чуть отразился в следующем по времени("Кому зима, арак и пунш голубоглазый") , и оно не стало ядром цикла. На чужбине — а Грузия, несмотря на любовь Мандельштама к "черноморью", была чужбиной — стихам суждено глохнуть. Зато в эти двенадцать строчек в невероятно сжатом виде вложено новое мироощущение возмужавшего человека, и в них названо то, что составляло содержание нового мироощущения: совесть, беда, холод, правдивая и страшная земля с ее суровостью, правда,

71

как основа жизни; самое чистое и прямое, что нам дано — смерть и грубые звезды на небесной тверди... Небо никогда не было для Мандельштама обиталищем Бога, потому что он слишком ясно ощущал его внепространственную и вневременную сущность. Небеса, как символ, у него встречаются очень редко, может, только в строчке:"что десяти небес нам стоила земля". Обычно же это — пустые небеса, граница мира, и задача человека внести в них жизнь, дав им соизмеримость с делом его рук — куполом, башней, готической стрелой. Архитектура для Мандельштама не только одно из искусств, но освоение одного из величайших даров, полученных человеком — пространства, трехмерности. Отсюда призыв — не тяготиться трехмерностью, как символисты, но выполняя земное назначение, осваивать ее — радостно жить и строить в этом трехмерном мире:"Зодчий говорит: я строю — значит — я прав".

Мандельштам ощущал пространство даже сильнее, чем время, которое представлялось ему регулятором человеческой жизни: "Время срезает меня, как монету", а также мерой стихов. Время — век — это история, но по отношению ко времени человек пассивен. Его активность развивается в пространстве, которое он должен заполнить вещами, сделать своим домом. Архитектура — наиболее явственный след, который человек может оставить в этом мире, а следовательно залог бессмертия.

В христианстве есть призыв к активности — хотя бы в притче о талантах — в отличие от буддизма и теософских течений, завоевавших умы в начале века, как и пантеистические течения. Символисты подверглись сильному влиянию Востока (отчасти через популярного в их кругах Шопенгауэра), и бунт акмеистов против них был далеко не только литературным, но в значительной мере мировоззренческим. Почти все символисты в какой-то степени стремились к модернизации христианства, призывали к слиянию его то с античностью, то с язычеством. Одна из модных тем десятых годов — дохристианская Русь, на которой сыграл Городецкий. (На ней же построил свою сказочную мифологию Хлебников, радостно встреченный Вячеславом Ивановым). Акмеисты — совершенно различные поэты, с абсолютно разной поэтикой — объединились и восстали против символистов за ”светоч, унаследованный от предков”. В сущности, у футуризма не было глубоких разногласий с символистами. Они только довершили дело, начатое символистами, и были ими отлично приняты и даже усыновлены. Гораздо сложнее обстояло дело с акмеистами. Впрочем, говоря об акмеистах, надо сразу исключить Городецкого, по ”тактическим соображениям” привлеченного Гумилевым, который боялся выступать с зеленой молодежью и искал хотя бы одного человека ”с именем”, а Городецкий тогда был всеобщим любимчиком, ”солнечным мальчиком” Блока, и его всерьез считали надеждой русской поэзии. Зенкевич и Нарбут тоже были более или менее случайными людьми, которых объединяла с основными тремя акмеистами только дружба.

Миропонимание Мандельштама сложилось очень рано. Основные его черты выявлены уже в статье "Утро акмеизма", которую он предложил как манифест нового течения. Отвергли ее Гумилев и Городецкий — Ахматова всегда поддерживала Мандельштама. В ранней юности она, вероятно, не совсем понимала, чего он хочет, в зрелые же годы целиком разделяла позиции этой статьи. Ту же линию Мандельштам продолжил в статье "Скрябин и христианство" (или "Пушкин и Скрябин"), прочитанной, как доклад в религиозно-философском обществе и сохранившейся только в отрывках. В статьях 1922 года затрагиваются те же вопросы, но само слово христианство попало под полный цензурный запрет и больше в статьях не называется.

В стихах 1922-1933 года Мандельштам, почуявший еще в Тифлисе новый голос, снова потянулся к ученичеству:"Какой бы выкуп заплатить за ученичество вселенной, чтоб черный грифель повести (приучить) для твердой записи мгновенной"... Это черновик "Грифельной оды", где подспудно проходит тема ученичества. У Мандельштама, как, вероятно, у многих поэтов, было два периода ученичества. Первый период это ученичество-обучение. Он падает у Мандельштама на середину, по-моему, "Камня", где "Петербургские строфы", "Кинематограф" и стихи о спорте, из которых в книгу вошел только "Теннис". Второй и решающий период ученичества тот, когда поэт ищет свое место среди живых и мертвых "хозяев и распорядителей поэтической материи".

Пушкин подарил Сальери монолог об обучении или первой стадии ученичества: "Ремесло поставил я подножием искусству", и в этом одна из причин тяги Мандельштама к Сальери. Всякое ремесло дорого Мандельштаму, потому что ремесленник делает утварь, заполняет и одомашнивает мир. Мандельштаму однажды понадобилось дать понятие красоты, и он дал его через ремесло: "Красота не прихоть полубога, а хищный глазомер простого столяра"... Кроме того, Мандельштам не мог не оценить "послушную сухую беглость", которую Сальери придал пальцам, а также и "верность уху", необходимую не только музыканту, но и поэту. Наконец, Сальери труженик, а всякий художник во всем процессе создания вещи больше всего склонен подчеркивать момент труда. Ведь именно труд зависит от воли художника, от его внутренней собранности и почти аскетического "самоотвержения"... В период, когда Мандельштам делал всю ставку на твердость человека, на его волевую целеустремленность и неколебимость, он явно должен был принять сторону сурового Сальери, а не расплывчатого Моцарта.

Притяжение к Сальери вызвано и отталкиванием от Моцарта "маленькой трагедии". Пушкин, выделив чуждый для него и в чистом виде немыслимый тип художника, живущего одними озарениями без малейшего участия интеллекта и труда ("гуляка праздный", один из "счастливцев праздных"), сделал его мечтателем с неопределенно-романтическим словарем. Таково пояснительное вступление, которое Моцарт делает прежде, чем сесть за рояль: влюбленность ("не слишком, а слегка"), красотка, и "вдруг виденье гробовое, внезапный мрак иль что-нибудь такое"... В еще большей степени этот романтический контур выделен в словах Моцарта, когда он сам причисляет себя и Сальери к избранникам, праздным счастливцам и жрецам прекрасного. Здесь Пушкин безмерно отдалил от себя своего Моцарта, и каждое слово в этой реплике было противопоказано Мандельштаму. Ему была ненавистна позиция избранничества, а тем более жречества, столь характерная для символистов и хорошо выраженная Бердяевым — он был близок к символистам — с его культом собственного аристократизма, брезгливостью и презрением к простой жизни. Избранническая позиция символистов способствовала просветительской работе, которую они провели, но вызывала естественный отпор у младших поколений. Те поэты, которых я знала, не только не чувствовали себя избранниками, но безмерно уважали людей "настоящих" профессий. Чего стоит одна эта жалоба Мандельштама: "Кто я? Не каменщик прямой, не кровельщик, не корабельщик: двурушник я с двойной душой — я ночи друг, я дня застрельщик"... Ахматова мечтала быть литературоведом, дамой, просто женой, разливающей за чистым столом чай. А Пастернак както рассказывал про девицу-секретаршу, давшую ему глупый совет, который он, конечно, выполнил — что он не мог ей не поверить: "Ведь она сидит за столом", то есть профессионалка и делает настоящее дело... Мне же больше всего бы хотелось быть замужем за сапожником: и муж при деле, и жена обута... Какое уж там жречество... Но все-таки каждый из них настаивал на том, что и они труженики. В статье "Утро акмеизма" Мандельштам утверждал, что труд поэта сложнее даже труда математика (правда, пример математического труда у него наивный, но другого ему и не нужно было). Напомню еще полемический выпад Ахматовой:"Подумаешь тоже работа — беспечное это житье"... Под словами пушкинского Моцарта не подписался бы никто из них, включая, конечно, и самого Пушкина и даже исторического Моцарта.

Мандельштам, по природе своей пристрастный и несправедливый, не разобравшись, как следует, только по этим кратким репликам, причислил Моцарта к символистам и их последователям — имажинистам, футуристам и прочим, а пушкинского Сальери превратил с сурового и строгого мастера вещей. (Мне кажется, что он подменил его Бахом, вспомнив "Хорошо темперированный клавир", как проверку математических расчетов). Рассердившись он не заметил, что хотя слово "жрец" произнесено Моцартом, настоящим жрецом все же является Сальери. В прелестной сцене со "скрипачом", где Моцарт, приобрел настоящие пушкинские черты, Сальери вдруг напыжился, потерял трагичность и превратился в жреца и педанта, охраняющего мертвую святыню. Если святыню приходится охранять, значит, она мертва...

Сальери превращает искусство в кумир, и это тоже сближает его со жреческим сословием, а

Моцарт, как правильно заметил Б.Биргер, живет трудится и не требует награды за свой труд. Сальери же предъявляет иск к всевышним силам за то, что они недостаточно оценили его ”самоотвержение”. Искусство и, в частности, стихи действительно не то, как мы понимали их в молодости...

В статье ”Заметки о поэзии”(1922) Мандельштам писал:”У Пушкина есть два выражения для новаторства, одно:”чтоб возмутив бескрылое желанье в нас, чадах праха, после улететь”, а другое: ”когда великий Глюк явился и открыл нам новые тайны”... Новатора первого толка, то есть Моцарта из ”маленькой трагедии”, Мандельштам называет соблазнителем. Пушкин, вероятно, знал, что Глюк реформировал оперное пение, введя в него речитатив, но вряд ли он говорил о новаторстве. Сама тема новаторства актуальнее всего звучала в двадцатые годы, когда его провозгласили — под влиянием футуризма и Лефа — едва ли не единственной ценностью и критерием искусства. Это болезнь времени, вроде ветрянки. и тоже кончается шелушением. Мандельштам рано почуял эту болезнь и выступал против нее с не меньшей яростью, чем против символизма. В данном случае он призывал на помощь Пушкина и модернизировал его слова: ведь Пушкин говорит не о новаторстве, а о неповторимости художника. Художник неповторим еще в большей степени, чем просто человек, и Мандельштам это прекрасно знал, иначе он бы не сказал:” не сравнивай — живущий несравним”... Ахматова говорила, что большой поэт, как плотина, перегораживает течение реки. Пушкинские поэмы, особенно "Онегин", надолго остановили всякую возможность возникновения поэмы, потому что все невольно писали в этом ключе. Первым прорвался сквозь плотину Некрасов, а потом Маяковский. В этом Ахматова видела значение Маяковского. Точно так Пастернак "застрял в горле" у целого поколения поэтов. Только одна Цветаева переварила влияние и Пастернака, и Маяковского, и нашла свой голос. В этих словах Ахматовой мне слышится голос литературоведа, и я не могу особо представить поэзию, как течение реки. Ведь в течении есть непрерывность (течения и школы, как их представлял себе Тынянов), а поэзия живет только неповторимыми голосами, которые перекликаются между собой, потому что "все было встарь, все повторится снова"... Несколько райских песен достаточное оправдание жизни поэта, наследника он не оставляет никогда, и все происходит, как в письме Мандельштама к Тынянову:"Вот уже четверть века, как я, мешая важное с пустяками, наплываю на русскую поэзию; но вскоре стихи мои сольются с ней, кое-что изменив в ее строении и составе"...

А Мандельштам способен был восстать на Моцарта даже из-за этих "райских песен", потому что слово "райский", употребленное в значении "прекрасный", может быть понято, пристрастным слухом, как "нездешний", "потусторонний"... В бунте против символистов и Гумилев, и Мандельштам особенно восставали против стремления символистов уже здесь, на земле, познать с помощью символов потусторонний мир. Вячеслав Иванов призвал уйти прочь из реальности ради более реального (потустороннего) мира, а для Бердяева на земле существовали только символы лучшей жизни, которой он тяготился, мечтая поскорее попасть в царство духа. В своих программных статьях Гумилев заявил, что непознаваемое все равно познать нельзя и "все попытки в этом направлении — нецеломудренны"... Мандельштам сравнивал символистов с неблагодарным гостем, "который живет за счет хозяина, пользуется его гостеприимством, а между тем в душе презирает его и только и думает о том, как бы его перехитрить"... В той же статье ("Утро акмеизма") он сказал:"Существовать — высшее самолюбие художника". Это значит быть и остаться в памяти людей здесь — на земле, но ведь существует именно Моцарт, раз он занес сюда несколько райских песен.

ДВЕ СТОРОНЫ ОДНОГО ПРОЦЕССА

Когда-то давно, быть может, еще на Тверском бульваре в начале двадцатых годов потому что только тогда — после возвращения из Грузии — Мандельштам изредка забегал на собрания Союза поэтов и слушал, какие они читают стихи, — он, наслушавшись поэтов и переводчиков, вернулся домой и сказал:"Я понял: им тоже кажется, что они летают, только ничего не выходит"... Мне тоже случалось встречать людей со всеми признаками "полета", но в результате оставалась кучка пыли и груды исписанных листов. Видно, "полеты" бывают плодотворными и опустошительными, подлинными и мнимыми, свободными и своевольными. Самое чувство "полета" еще не гарантия, что в результате появятся полноценные стихи, а бесплодные усилия опустошают и одурманивают человека. Очевидно, поэт должен уметь не только говорить, но и молчать в тех случаях, когда импульс, побуждающий его к сочинению стихов, недостаточно силен. Для поэта отказаться от работы, остановить себя, гораздо труднее, чем погрузиться в нее по первому зову. Всякий, кто пишет стихи, вероятно знает, что в голове у поэта часто мелькают отдельные строки и даже строфы. Можно ухватиться за такую "бродячую", как их называл Мандельштам, строку или строфу и, приведя себя в соответствующее состояние, присочинить к ней по всем законам композиции еще нечто, чтобы получилось стихотворение. Так появляются мертворожденные стихи. В период, когда Мандельштам не писал стихов, бродячих строф у него было сколько угодно, но он их даже не записывал. Он рассказал мне об этом, когда стихи вернулись, и на вопрос, почему он не попытался использовать эти строфы, он ответил: "Это было не то"... Объяснить, почему это было "не то", он не смог или не захотел. Из этого разговора я поняла, какую роль для поэта играет самообуздание. У него должен быть мощный контролирующий аппарат, чтобы распознать качество и ценность импульсов.

Поэт молчит, если он не созрел для той глубинной и самозабвенной деятельности, которая ему предстоит. Иногда это происходит оттого, что он еще не оторвался от суеты, чтобы почуять свою глубину, а иногда потому, что "душа убывает", как когда-то сказал Герцен. Мандельштам говорил, что стихи возникают, когда происходит какое-то событие, все равно — дурное или хорошее. Это попытка рационально объяснить глубинные процессы, которые никаким объяснениям не поддаются. При "убывающей душе" любое событие проходит незамеченным, а в дни духовного расцвета все ощущается как событие — дуновение ветра, упавшее яблоко, туча, птица в клетке — мало ли что... И я еще заметила, что поэт готов искусственно создать "событие", когда стихотворный импульс, "ветер Орфея", ослабевает, теряет силу, идет на нет... Это бывает в конце стихотворческого периода или книги... Искусственное событие длится недолго, и ветер все равно стихает. Его нельзя вызвать и нельзя надолго продлить. Зато, когда он дует, его нельзя остановить. Можно и нужно останавливать только мнимые импульсы.

Поэт, рассказывая о процессе сочинительства, не может обойтись без метафоры и сравнения. Особое целомудрие запрещает ему вникать, а тем более анализировать все включенные в этот акт моменты. Возможно, он даже не вполне отдает себе отчет в том, что с ним происходит в период, когда образуется "звучащее целое". У него остается одно — чувство удивления и, говоря о своем опыте, он предпочитает обычно пользоваться фигурами речи, которые были придуманы до него. У Пушкина для обозначения всего процесса существуют два понятия — вдохновение и труд. Ахматова использовала старинное слово "муза" и часто говорила просто о работе. О двойственном характере созидательного труда говорили почти все, кто решился приоткрыть свою "лабораторию" (еще одно условное понятие, которым пользуются для "заземления" созидательного труда). Достоевский различал два этапа в создании вещи — работу поэта и работу художника. Было ли в таком разделении точное понимание сущности работы художника?

Скорее всего — это просто еще одно условное разделение двух начал созидательной работы. В разговоре Ахматовой и Мандельштама эти два начала были названы "Моцарт" и "Сальери", хотя "маленькая трагедия" и не дает основания для такого обобщения. Моцарт в ней действительно носитель одного вдохновения, но Сальери знает и вдохновение и труд. Об этом свидетельствуют следующие слова Сальери:"Быть может, посетит меня восторг, и творческая ночь и вдохновенье"... У Пушкина эти двое скорее сосуды разной емкости, но в данном очерке эти два имени использованы как еще одно метафорическое обозначение двух сторон единого процесса.

В "Разговоре о Данте", самой зрелой и последней статье Мандельштама, рассеяны некоторые сведения о том, как возникает стихотворное целое. Говоря о Данте, Мандельштам несомненно пользуется своим знанием процесса сочинительства, своим собственным опытом, и поэтому данные им сведения являются в то же время автопризнанием. Если их собрать и расположить в должном порядке, можно получить общее представление обо всех стадиях процесса и определить, какую роль в нем играют два начала, условно обозначаемые именами Моцарта и Сальери.

Мельком и тотчас оговариваясь, что это слишком громко, хотя и правильно, Мандельштам говорит:"Комедия имела предпосылкой как бы гипнотический сеанс". Гипноз (внушение) предполагает гипнотизера, но он не назван. Речь идет о состоянии тревоги и слез, включая момент, когда возникает "звучащий слепок формы". Мандельштам ввел понятие "как бы гипнотический сеанс", чтобы раскрыть это таинственное и необъяснимое состояние просредством сравнения с более или менее знакомым трансом при гипнозе. Сравнение с гипнозом позволяет сделать следующие выводы: это состояние не зависит от воли поэта, напротив, он переживает его, как приказ извне, как воздействие на него чьей-то могучей воли, подобно пророку из стихотворения Пушкина ("исполнись волею моей"). С этого момента начинает звучать внутренний голос: приказ пророку — "внемли".

Мандельштам утверждает, что "ни одного словечка он (Данте) не привнесет от себя... он пишет под диктовку, он переписчик, он переводчик"... Литературовед этого бы сказать не мог. Это мог сказать только поэт, на собственном опыте познавший категоричность внутреннего голоса. Из приведенной цитаты следует, что в поэтическом труде немыслим никакой произвол, ни выдумка, ни фантазия. Все эти понятия Мандельштам относил к отрицательному ряду: "Данте и фантазия — да ведь это несовместимо! Стыдитесь, французские романтики, несчастные incurables и в красных жилетах, оболгавшие Алигьери". Мандельштам всегда так говорил о фантазии, будто в самом этом слове заключены эпитеты "разнузданный" и "безудержный", и полностью отрицал ее роль в созидательном процессе. Фантазия и вымысел дают фиктивный продукт — беллетристику, литературу, но не поэзию. Англичане не случайно называют литературу "фикцией" (fiction), тем самым отделяя ее от поэзии. К поэзии в таком смысле принадлежат не только вещи, написанные в форме стихов, но все подлинное в отличие от выдуманного, которое может принимать и стихотворную форму. Есть эпохи, когда возможно только литературное производство, фикция, потому что внутренний голос заглушен и "душа убывает".

В "Разговоре о Данте" Мандельштам ввел новое понятие — порыв. В сущности это означает движение духа, но существенно, как определяет Мандельштам роль порыва в созидательном процессе. Он выделяет основной по значению и первый по времени порыв: "Вещь возникает, как целокупность, в результате единого дифференцирующего порыва, которым она пронизана". Порыв этот назван дифференцирующим, потому что целое не составляется из частностей, а наоборот — частности, как показал Мандельштам, отрываются от целого, как бы выпархивают из него.

В результате первого порыва начинает действовать "безостановочная формообразующая тяга", которую Мандельштам приписывает чему-то вроде инстинкта, подобно инстинкту пчел, строящих соты. Порывообразование (за первым порывом, пронизывающим всю вещь, следуют другие, определяющие отдельные движения, вернее, "превращения" поэтической материи) Мандельштам ставит выше инстинктивного формообразования. Порывы — смыслоносители, а форма выжимается из концепции, как вода из губки, при одном лишь условии— что губка изначально содержит влагу. Порыв называется еще намагниченным и приравнивается к тоске: "Нет синтаксиса — есть намагниченный порыв, тоска по корабельной корме, тоска по червячному корму, тоска по неизданному закону, тоска по Флоренции"... Порывы членораздельны и насыщены конкретностью, поскольку они равны тоске или стремлению к конкретным целям и явлениям. Порывы — это моцартовское начало — мятущаяся и тоскующая душа. В "маленькой трагедии" Моцарт тоскует и рвется к смерти. В мире не существовало поэта, у которого — несмотря на жизнелюбие, свойственное поэтам, — не было бы порыва к смерти. У Мандельштама порывы к смерти были во все периоды стихотворческой деятельности с кульминацией в стихах на смерть Андрея Белого. Смерть художника для Мандельштама — завершающий творческий акт. Сальери не может быть создателем вещей, как считал Мандельштам в двадцатых годах, потому что конкретность и материал приходят с порывами и принадлежат Моцарту.

Мне кажется, есть известное сходство между тем, как художник строит вещь, а человек — свою жизнь. Ведь все повороты на жизненном пути тоже определяются порывами, а жизненный путь сохраняет единство и цельность только в тех случаях, когда каждый порыв подчинен смыслу целого. Мы всегда готовы поддаться обманному порыву и сбиться с пути, и это еще не большая беда — лишь бы во время опомниться и не зайти слишком далеко по ложному пути и не попасть в тупик: "и иду за ними следом, сам себе не мил, не ведом — и слепой, и поводырь"... В каждом человеке есть и слепой, и поводырь. Хорошо если поводырю удается справиться с прихотями слепого. Моцарт, которого ведут порывы, — слепой; Сальери — интеллектуальное начало — поводырь. Его роль — контролирующая и регулирующая. Как бы ни был Моцарт велик, будь он даже исторический Моцарт, композитор, ему необходим поводырь, алгебра, интеллект. При создании вещи интеллект никогда не молчит. Наоборот, он обостряется до предела, иначе Моцарт, ведомый порывами и погруженный в тайнослышанье, может сбиться с пути. Сальери не только интеллектуальное, но и волевое начало, а оно тоже необходимо на всех стадиях созидательного труда.

В "Разговоре о Данте" Мандельштам, позабыв о полемике с символистами, в тридцатые годы уже совершенно неактуальной, подчеркнул моцартовское начало сочинительства. Лишь в одном месте он показал, как всегда в метафорической форме, обе стороны процесса: "Он" (Данте), преисполнен чувством неизъяснимой благодарности к тому кошничному богатству, которое падает ему в руки (Моцартовское начало —Н.М.). Ведь у него немалая забота: надо приуготовить пространство для наплывов (Понятие "наплыв" взято из кино-техники; все нятие "наплыв" взято из кино-техники; вся подготовительная работа, требующая знаний, принадлежит Сальери), надо позаботиться о том, чтобы щедрость изливающейся поэтической материи не протекла между пальцами, не ушла в пустое сито (опять забота, то есть воля — значит Сальери)". Сальери оставлено еще письмо, каллиграфия, то есть окончательное становление текста. Сальери силен алгеброй; на одной алгебре вещи не сделаешь, но без закона и формулы никакой создатель вещей обойтись не может.

Моцарт и Сальери — это два этапа созидательного труда, но они не разделены во времени и непрерывно соприсутствуют и дополняют друг друга. У них общий и единый путь.

ТАЙНАЯ СВОБОДА

Моцарт "маленькой трагедии" не отрекается от Сальери и предлагает тост" за искренний союз Моцарта и Сальери, двух сыновей гармонии." Он действительно готов на союз и готов к дружбе, не претендуя на первое место среди тех, кого считает сыновьями гармонии. Опыт тайнослышанья формирует и преображает человека: мелкие инстинкты самолюбия и самоутверждения отсыхают на корню, хотя это, конечно, не исключает "чудных припадков самомнения" в момент работы. Зато ставшая, готовая вещь как бы отпадает от своего сочинителя, и он смотрит на нее со стороны, примечая все достоинства и недостатки со спокойным , почти равнодушным беспристрастием. Именно потому Моцарт не мог разгневаться на "скрыпача", и Пушкин это знал. Моцарт дружелюбен и доверчив, Сальери мнителен, но в каждом реальном поэте есть и тот, и другой, и Пушкин не случайно наделил обоих своими чертами. И.М.Семенко заметила связь между следующими словами Сальери: "Что умирать? Я мнил: быть может, жизнь мне принесет внезапные дары... быть может новый Гайдн сотворит великое — и наслажуся им" и лирическим высказыванием Пушкина: "Но не хочу, о други, умирать, я жить хочу, чтоб мыслить и страдать, и, ведаю, мне будут наслажденья меж горестей, забот и треволненья: порой опять гармонией упьюсь, над вымыслом слезами обольюсь"... И с другой стороны в "Послании к Катенину" Пушкин с позиции Моцарта говорит, что тот предлагает ему не дружеский кубок, а чашу со сладкой отравой. Есть области, где Моцарт и Сальери неразличимы, хотя бы в своей страсти к гармонии. Я не знаю, например, кто из них ведет борьбу за "социальное достоинство и общественное положение поэта", которую Мандельштам назвал "камерюнкерской и чисто пушкинской". Скорее всего — в этой борьбе участвуют оба, но, может, действуют разными методами. То, что резко их отличает друг от друга, вызвано "тайнослышаньем".

Моцарт не только не требует награды за свой труд, но "преисполнен неизъяснимой благодарности" за то, что ему выпало такое богатство. Моцарт никогда не забывает, что он недостоин своего дара и ничем его не заслужил, да к тому же он точно знает, что дар дается вовсе не за заслуги. Это чувство незаслуженности дара присуще всякому поэту, потому что дар обнаруживается в тайнослышаньи, которое от воли поэта, от его усилий и стараний не зависит. К тайнослышанью привыкнуть нельзя — к чуду не привыкают, ему можно молько удивляться. Поэт всегда полон удивления. Скорее всего именно удивление раздражает благомыслящих людей —

"чернь его обстала злая". Удивление кажется ей подозрительным: она уважает только жрецов. Чудесное удивление молодого Пастернака так вмонтировалось в его глаза, что до поры до времени деятели литературы с ним мирились и оставляли его в покое. Ахматова маскировала удивление озорством, а Мандельштам, удивляясь, только веселел. В Ахматовой была настороженность, потому что она всегда ждала прихода стихов, а Мандельштама они заставали врасплох, часто среди шума и людей, и он даже не пробовал ничего скрывать. Из всех троих он был самым незащищенным.

Удивление никогда не ослабевает, и оно-то и вызывает знакомый каждому поэту страх, что только что сочиненное стихотворение может оказаться последним в жизни, потому что трудно ждать повторения чуда. Во всяком чуде есть неповторимость. Про нежданный ритм Мандельштам говорит, что "он совсем не вернется или вернется совсем иным"...

Чем крупнее поэт, тем острее у него чувство незаслуженности дара удивления и благодарности. Поэт способен на все грехи, кроме одного — гордыни. Если бы Пушкин не ощущал свой дар, как незаслуженное счастье, он бы не сказал про поэта "быть может, всех ничтожней он"... Версификатор этого никогда не сказал бы, потому что знает, что своими удачами обязан только себе. Венедиктов поразил своих современников, найдя то, что называется "приемом", и достиг огромной виртуозности в пользовании этими "приемами". Хорошие стихи, прекрасные стихи, красивые стихи — все это вовсе не признак настоящего поэта. Признак настоящего поэта— только сама поэзия. "Неожиданное" в поэзии — это вибрация самой поэзии, а не неожиданность приема. Различие это совершенно точное, но как отличать одно от другого, не знает никто. Только некоторые люди сразу отличают одно от другого, а другие — их всегда большинство — неизбежно попадаются на обман. Обычно время снимает ошибки современников, но кое-что из их миражей сохраняется в историях литературы и даже в оценках потомков. Так всегда было и будет, потому что никакого объективного критерия найти нельзя.

Сальери ни в какой мере не принадлежит к версификаторам. Он изучил ремесло, а версификатор пользуется приемом. "Труден первый шаг и скучен первый путь", — одолеть их может только Сальери. В старину, чтобы войти в искусство, надо было пройти через искус. Остается вопрос, является ли ремесло только техникой или включает в себя иные элементы. В.Вайсберг прямо спросил меня, как я понимаю ремесло. Привычка произносить это слово, не задумываясь, помешала мне раскрыть его смысл. По мнению Вайсберга, ремесло нужно понимать как традицию, и я думаю, что это верно. Мандельштам доказывал, что изобретательство в поэзии (да и в любом искусстве и науке) дает плоды только в тех случаях, когда оно идет об руку с вспоминанием. Если принять определение, данное Вайсбергом, можно выявить несколько черт, характеризующих моцартианскую и сальеровскую сторону созидательного процесса.

Ремесло направлено в прошлое, и художник, как ребенок, проходит три стадии, овладевая безусловными, условными и культурными навыками. Я пользуюсь здесь терминами, данными моим давнишним приятелем, психологом Выгодским. В ремесло входит и техника, и знание идей и гармонии, найденных участниками разговора, завязавшегося до нас. Сальери поддерживает канон и школу, пробудившийся Моцарт обращен в будущее: и "в предании видит не столько священную, его ослепляющую сторону, сколько предмет, обыгрываемый при помощи горячего репортажа и страстного экспериментированья". Отношения Моцарта и Сальери напоминают мне священника и пророка древней церкви, о которых я читала у Франка. Священик, лицо духовное, хранит заветы и предания, а пророк — миряник и устремлен к будущему. Сальери подмирянин и устремлен к будущему. Сальери подчинен необходимости, Моцарт осуществляет свободу. Эти два царства — прошлого и будущего, памяти и предвиденья, свободы и необходимости — взаимно переплетены и нерасторжимы. В своей совокупности они дают искусство и науку, историю и жизнь...

Необходимость — не принуждение и не проклятие детерминизма, а связь времен, если не растоптан "светоч, унаследованный от предков". Необходимость прекрасна, когда горит светоч и она вызвана добровольным подчинением авторитету. "Но вся беда в том, что в авторитете —

или точнее, в авторитарности — мы видим только застрахованность от ошибок и совсем не разбираемся в той грандиозной музыке доверчивости, доверия, тончайших, как альпийская радуга, нюансах вероятности и уверования", которые проистекают от непредвзятого смирения перед подлинным авторитетом. Необходимость становится невыносимым бременем, если светоча не видно, связь времен нарушена и вместо настоящего прошлого с его глубокими корнями становится "вчерашний день"...

Поэт живет в своем времени и никуда уйти из него не может. Как и все люди, он обладает известной мерой свободы и подчинен необходимости. В текущем времени всегда есть отрава: преклонение перед мнимым авторитетом, подмена подлинной культуры — культуропоклонством, идолы и кумиры сегодняшнего и вчерашнего дня, мелкие и крупные соблазны, которым он подвергается ежеминутно. Жизнь проходит, как искус, и для Сальери, и для Моцарта. Для первого это отказ от традиции ради вчерашнего дня, для второго — разрыв союза с Сальери и отказ от собственной свободы. Даже Пушкин подвергался этому соблазну, раз он сам себе сказал: "Ты царь, живи один, дорогою свободной иди, куда тебя влечет свободный ум".

Иногда мне кажется, что в апокалиптические эпохи, когда берутся на учет все мысли и чувства людей, поэту не труднее, а легче сохранить внутреннюю свободу, чем в мирные периоды, когда на него воздействуют не насилием, а равнодушием или лаской: "Зане свободен раб, преодолевший страх"... Раб с большой остротой ощущает свою внутреннюю свободу, когда он преодолевает страх перед прямым насилием, чем внешне свободные люди, которым в сущности ничего не угрожает. В юности Мандельштам сказал: "Я здесь стою, я не могу иначе". Внутреннюю свободу сохранили те, которые знали на чем стоят. Двойной жизнью поэт жить не может, не отказавшись от поэзии и от дара тайнослышанья. Это объясняется потребностью в единстве, о котором говорил Мандельштам в своей статье "Петр Чаадаев". Это единство является результатом "слияния нравственного и умственного элементов", что и придает личности особую устойчивость.

Внутренняя свобода, о которой часто говорят в применении к поэтам, это не просто свобода воли или свобода выбора, а нечто иное. Парадоксальность внутренней свободы состоит в том, что она зависит от идеи, которой она подчиняется, и от глубины этого подчинения. Я привожу слова Мандельштама о том же Чаадаеве: "Идея организовала его личность, не только ум, дала этой личности строй, архитектуру, подчинила ее себе всю без остатка. и в награду за абсолютное подчинение, подарила ей абсолютную свободу". Пророк, которому сказано: "Исполнись волею моей", носитель этой абсолютной внутренней свободы. Точно так Франк говорит, что только служа Богу и подчиняясь ему, человек находит сам себя и осуществляет свою свободу: сохранит душу только тот, кто ее потерял.

Свою роль в жизни я могу определить так: я была свидетельницей поэзии. В годы испытаний то одного, то другого охватывала немота. Причины немоты бывали разные: ужас, страх, попытка оправдания происходящего или даже усиленный интерес и внимание к тому, что делается вокруг, — любое из них могло стать причиной немоты, то есть потери себя. Ведь каждое из этих состояний свидетельствует об ослаблении основной идеи, о нарушении духовной цельности. В неменьшей степени было пагубно и равнодушие. Спасало только сознание поэтической правоты, а она достигается полной разбуженностью, при которой поэт все видит, все знает и без оглядки делает свое дело "против шерсти" времени и эпохи.

ЧЕРНОВИКИ

Мы всегда имеем дело с готовой вещью и до последнего времени почти не интересовались, как происходит становление, чем является созидательный процесс и через какие стадии он проходит. По отношению к готовой вещи у нас есть один единственный критерий — проверка временем, то есть проверка на прочность: не рассыпалось, значит, хорошо. Впрочем, неизвестно, какой срок нужен для такой проверки и как выветривается действительность вещи от времени. Даже долгоживущие вещи могут терять действительность, а потом снова восстанавливаться в зависимости от потребностей текущего периода, но так или иначе — они-то и составляют золотой фонд человечества. Есть вещи, вносящие строй в наш суетный мир, но в своей великой неблагодарности мы об этом забываем, а от самых великих озарений человечества то и дело отрекаемся, говоря, что пора покончить с предрассудками, а потом платим за это огромную цену, даже не подозревая, за что расплачиваемся. Род людской всегда одинаков: если дать человеку снова прожить его жизнь, он совершит все ошибки, которые сделал в первый раз, и точно так было бы с историей, только ошибки и преступления стали бы еще страшнее.

Что же касается до становления вещи, то здесь показания тех, кто ее делал, всегда были одинаковы, и реакция слушателей всегда была одинакова: чудо вызывает насмешки и презрение рационалистов, интеллектуальное начало осмеивается теми, кто делает ставку на чудо, а большинство пропускает мимо ушей все, что говорится. И хотя наше время не отменило всех этих споров и взаимных издевательств, все же именно сейчас появился некоторый интерес к художнику, и к его мыслям о своем труде. И хотя скользящее внимание свидетелей, современников и потомков осталось неизменным, однако, проскальзывая по вещи, они изредка задаются вопросом, как она появилась и почему ее не заметили раньше.

Мандельштам называл ставшую вещь "буквенницей", каллиграфическим продуктом, который остается в результате исполнительского порыва. Читатель заново воскрешает вещь:"В поэзии важно только исполняющее понимание, отнюдь не пассивное, не воспроизводящее, не пересказывающее". Он предлагал читать Данте " с размаху и с полной убежденностью", как бы переселяясь "на действенное поле поэтической материи"... В сущности весь "Разговор о Данте" результат такого чтения, где сквозь ставшее, сквозь готовый текст просвечивает ход первоначального порыва. Мандельштам сожалел, что не сохранились черновики Данте: "сохранность черновиков —

закон сохранения энергетики произведения"...
Эту энергетику он все же чувствовал сквозь готовый текст: "Черновики никогда не уничтожаются"... Иначе говоря, мечтая о том, как бы заглянуть в черновики, он хотел восстановить как двигалась поэтическая мысль, как она уводила поэта в сторону, от чего ему приходилось отказываться и как он выпрямлял свой путь. В "Разговоре о Данте" Мандельштам сравнивает "превращения поэтической материи" с самолетом, который на ходу конструирует и выбрасывает новую машину: "сборка и спуск этих выбрасываемых во время полета, технически немыслимых новых машин является не добавочной и посторонней функцией летящего аэроплана, но составляет необходимейшую принадлежность и часть самого полета и обусловливает его возможность и безопасность, в неменьшей степени, чем исправность руля или бесперебойность мотора". Именно эти выпархивающие один из другого самолеты обеспечивают цельность и единство движения. В этом вспомогательном сравнении рассказывается о ходе поэтической мысли. Черновики показали бы, как опущенный на ходу самолет внезапно останавливается и служит началом отдельного полета — для книги лирики это было бы новым стихотворением. Иногда первый спущенный самолет дает сразу раздвоенное движение. На одном из путей движение останавливается и поэт, доведя первый самолет до цели, возвращается к остановленному первому и доводит его до места назначения. Другие самолеты участвуют в полете только пер-

вого самолета и, совершив свое дело, исчезают. Именно черновики могли бы открыть все эти движения и ходы, но фактически на бумагу попадает далеко не все: большая часть работы совершается в уме — без записи. Отделить моцартовское начало от сальериевского довольно трудно, но изредка все же можно: эти два вида труда не разделены во времени. Если бы поэт сначала сочинял вещь, а потом вносил в нее исправления, как многие себе представляют поэтический труд, то Сальери превратился бы в нечто вроде редактора. Но ничего похожего не происходит: Сальери непрерывно участвует в становлении вещи — он на ходу отбирает, собирает, отметает и конструирует, порою издеваясь над Моцартом. Мандельштамовский Сальери вечно дразнил тайнослышца-Моцарта и вышучивал на ходу еще горячие строчки. Иногда строка, строфа и даже целое стихотворение не поддавалось вышучиванию и сохранялись вопреки насмешнику, а кое-что уходило. Черновик, конечно, является автокомментарием, и я не перестаю тосковать о груде черновиков, исчезнувших в прорве.

В "Разговоре о Данте" Мандельштам с удивлением сказал про работу скульптора: резец только снимает лишнее и черновик скульптора не оставляет материальных следов... "сама стадиальность работы скульптора соответствует серии черновиков"... Есть только одно искусство, где все стадии работы сохранены и участвуют — исподволь — в готовой вещи, — это живопись. Каждый слой и каждый мазок, нанесенный в любой момент становления вещи и даже снятый мастихином, просвечивает, работает, действует, соучаствует в целом сквозь все легшие на него мазки, слои и лессировки. Может, именно поэтому такую роль у художника играет мастерство, знание материала, ремесло-традиция. Художник немыслим без умения, поэта умение может превратить в версификатора, и сама поэтическая речь "бесконечно сыра, более неотделана, чем так называемая разговорная". Это значит, что в поэзии все говорится заново, как бы в первый раз, и гораздо меньше застывших оборотов и словосочетаний, чем в разговорной речи.

В ремесле живописца, где все всегда обновляется и такое значение имеет школа, течение, существуют несколько иные отношения двух начал — Моцарта и Сальери — и по-иному складываются отношения с объектом. В выборе объекта (любой натуры) художник всегда находит себя, свое я, и это не зеркальное отражение, а нечто существенное. Мне кажется, в работе художника есть два основных моцартианских момента: дифференцирующий порыв в самом начале, когда находится объект, и второй — в конце, когда происходит как бы смыкание единства — как бы последние лессировки иконописца. Выбор объекта соответствует моменту "звучащего слепка формы", а последний, объединяющий, порыв у художника выражен гораздо резче, чем у поэта, потому что у одного черновики ушли и остались только на бумаге, а у второго, другого, участвуют в готовой вещи. Не потому ли у художника возможна серийность, что в пределах одного холста он не может дать полной перегруппировки всех элементов, в то время как поэт в ставшем иногда не оставляет ни одного слова из первоначального варианта.

У художника большую роль играет школа в прямом смысле слова, а не самостоятельное обучение — ученичество — как у поэта. Художник развивается позже, чем поэт, и живет дольше. Часто лучшие вещи художника сделаны в старости. Самовоспитание художника заключается в том, что он учится владеть своими порывами. Я не знаю, есть ли поэты, которые работают систематически — каждый день. Мне думается, что работа поэта всегда нерегулярна и спонтанна, в то время как художник немыслим без непрерывного труда. Иначе говоря, поэт меньше владеет своим порывом, чем художник.

Художник часто выключает порыв, чтобы отдать время для подготовительной работы, чисто ремесленной, но в которой тоже есть моцартовский момент. Характерный пример такой работы — цветные, нейтральные по фактуре, прокладки у Матисса и в русской иконе, роль которых только одна — просвечивать. В живописи могут существовать вещи, сделанные на одном умении — это рядовые произведения, принадлежащие хорошей школе. Они целиком сделаны на чужом опыте и чудом не являются, но что-то от чуда сохраняют. В изобразительных искусствах ремесленный момент существует сам по себе и создает вещи, в поэзии — это всегда отрава или "журнальная поэзия".

Поэт более редкое явление, чем художник, потому что его вещь должна быть неожиданной, а ценность неожиданного зависит от глубины личности. Художник может отказаться от неожиданности и работать по канону.

Всякий порыв переходит в моторную деятельность, в движение. У художника эта моторная деятельность выражается в движениях руки, которые могут дойти до автоматизма. В самом искусстве никакого автоматизма нет, он бывает только в движениях руки. Художник может иногда не замечать отдельных движений, как мы не отдаем себе отчета, как происходит артикуляция в то время, как мы говорим.

Можно было бы предположить, что если поэт — тайнослышец, то художник — тайновидец, но я думаю, что и поэт, и художник всем своим существом — и духовным, и физическим — включаются в работу и участвуют в ней всеми своими способностями и всеми своими чувствами. Но я свидетельница только поэзии, а на живопись мне пришлось смотреть со стороны. И то, что я сказала о художнике, это только мои предположения, а не наблюдения. За них я в сущности не отвечаю.

Тайнослышанье и тайновиденье, если оно существует, отнюдь не продукт подсознательного, как этого хотелось бы рационалистам. Объясняя такие явления подсознательным, мы подменяем высшие сферы человека несравненно более примитивными. Что-то из подсознательного может прорваться в работе, но она основана не на "оно", как принято называть эту сферу, а на чистом, подлинном, углубленном и расширенном "я". "Оно" — человек из подполья внутри человека, и только победа над ним дает подлинное искусство, которое древние нередко связывали с катарсисом — очищением. Мне приходило в голову, что те, которым кажется, что "они летают, только ничего у них не выходит", действительно черпают из "вытесненного" из "оно".

Точно так никакое искусство и никакая познавательная деятельность не является результатом сублимации, в которой есть элемент самооскопления, отказа от какой-то части своего существа, но скопчество не дало ничего ни в искусстве, ни в науке. Периоды искуса и воздержания, поста и молитвы у древнего иконописца вовсе не означали перевода одного вида энергии в другой, а только самообуздание и тишину, в которой лучше слышен внутренний голос. В религиозном искусстве это богообщение перед последним синтезирующим порывом. И во всяком искусстве постижение гармонией — это высшая функция человека, в которой он приближается к тому, по чем тоскует наш богооставленный век.

МАНДЕЛЬШТАМ В АРМЕНИИ

Мы вернулись из Армении и прежде всего переименовали нашу подругу. Все прежние имена показались нам пресными: Аннушка, Анюта, Анна Андреевна. Последнее осталось, конечно, всегда. Они познакомились совершенно желторотыми юнцами, а в их поколении юнцы всегда именовали друг друга по имени-отчеству. Но новое имя приросло к ней, до самых последних дней я ее называла тем новым именем, так она подписывалась в письмах — Ануш. Имя Ануш напоминало нам Армению. о которой Мандельштам, как он всюду пишет, не переставал мечтать. Он запомнил стишок про прялку — я не решаюсь записать его в транскрипции: за столько лет, наверное, звуки перепутались, но армянская прялка жила с нами вместе с шубертовской.

Мандельштам учился армянскому языку, наслаждаясь сознанием, что ворочает губами настоящие индо-европейские корни. Он убеждал меня, что неутраченная армянская флексия — это и есть цветение языка, его творческий период. Я узнавала Гумбольдта и, как настоящая потебнистка, доказывала, что современные языки лучше. Я и тогда подозревала, что древнеармянский, он, кажется, называется грабар, вытесняет у него крохи современного языка, которому он успел научиться. И это однажды подтвердилось. Наткнулись, гуляя, на мальчишку, который сидел в арыке, что ли, словом, в грязи. Мандельштам обожал детей, а на черноглазых живчиков Армении не мог налюбоваться. Ему захотелось проявить отцовскую заботу и объяснить мальчишке, как надо себя вести. А тот по-русски не знал. "Грязь, — сказал Мандельштам на неизвестном мне языке, — нельзя, нехорошо, грязь..." Мне он все это перевел на русский, а мальчишка вылупил глаза, услыхав, вероятно, чем-то родные, но совсем не знакомые звуки: язык Моисея Хоренского, или я не знаю, кого из писателей и летописцев великой армянской литературы, которая дала так много счастья Мандельштаму.

Мы слушали одноголосые хоры Комитаса, и Мандельштам, очень музыкальный, вспоминал их потом и в Москве, и в Воронеже. О своем отношении к армянской архитектуре он рассказал сам.

Путешествие в Армению — не туристская прихоть, не случайность, а может быть, одна из самых глубоких струй мандельштамовского историософского сознания. Он-то, разумеется, этого так не называл — для него это было бы слишком громко, и я сама поняла это через много лет после его смерти, роясь в записных книжках и дочитывая мысли и слова, которые мы не успели друг другу сказать. Традиция культуры для Мандельштама не прерывалась никогда: европейский мир и европейская мысль родились в Средиземноморье — там началась та история, в которой он жил, и та поэзия, в которой он существовал. Культуры Кавказа-Черноморья — та же книга, "по которой учились первые люди". Недаром в обращении к Ариосту он говорит: "В одно широкое и братское лазорье сольем твою лазурь и наше черноморье". Для Мандельштама приезд в Армению был возвращением в родное лоно — туда, где все началось, к отцам, к истокам, к источнику. После долгого молчания стихи вернулись к нему в Армении и уже больше не покидали...

Мы много ездили по Армении и видели много, хотя, конечно, не все, что хотелось. Людей мы знали мало. Видели Сарьяна, чудного художника. Он пришел к нам еще в первый день в гостиницу, когда мы много часов подряд ждали, чтобы нам отвели номер, а гостеприимные хозяева — культурные деятели Армении — звонили по всем телефонам и победили под конец упрямого хозяина гостиницы-хюраноц. Мы были у Сарьяна потом в мастерской. Кажется, он показывал тогда свой "голубой период" — с тех пор прошло почти сорок лет, но такие вещи обычно запоминаются. Знали мы Таманяна и молодых архитекторов и слушали про их споры, которые всегда бывают в искусстве, когда оно живет и дышит. На Севане встретились с учеными — об этом рассказал сам Мандельштам, и он очень радовался высокому уровню армянской мысли и беседы.

Главная дружба ожидала нас в Тифлисе. В гостиницу к нам пришел Егише Чаренц, и мы провели с ним две или три недели, встречаясь почти ежедневно. Я понимаю, почему свободные дружеские отношения завязались в чужом для Чаренца Тифлисе, а не в Эриване, но не в этом дело... Я помню, как началось знакомство. Мандельштам прочел Чаренцу первые стихи об Армении — он их тогда только начал сочинять. Чаренц выслушал и сказал: "Из вас, кажется, лезет книга". Я запомнила эти слова точно, потому что Мандельштам мне потом сказал: "Ты слышала, как он сказал: "Это настоящий поэт". Я еще тогда не знала, что для поэта "книга" — это целостная форма, большое единство. Потом как-то Пастернак мне сказал про "чудо становления книги" и Анна Андреевна — Ануш — тоже. Это все сложилось вместе со словами Егише Чаренца, и мы всегда помнили, что в Ереване живет настоящий поэт. А больше я ничего не запомнила из его слов — ведь нельзя же записывать слова мужа или приятеля, с которым пьешь чай, гуляешь и ищешь, где бы купить папирос, — тогда вдруг случился папиросный кризис, и мужчины завели знакомство с целой толпой мальчишек, потому что нельзя разговаривать без папирос, а они говорили много и подолгу. Может быть, слова Чаренца о том, что лезет книга, были тем дружеским приветом, без которого не может работать ни один поэт, а в нашей жизни получить его было нелегко. Армения, Чаренц, университетские старики, дети, книги, прекрасная земля и выросшая из нее архитектура, одноголосое пение и весь строй жизни в этой стране — это то, что дало Мандельштаму "второе дыхание", с которым он дожил жизнь. В последний год жизни — в Воронеже — он снова вспомнил Армению, и у него были стихи про людей, с глазами, вдолбленными в череп, которые лишились "холода тутовых ягод..." Эти стихи пропали. Но и так армянская тема пронизывает зрелый период его труда.

СТИХИ О ГРУЗИИ

Стихи о Грузии Мандельштам писал, вспоминая:
> Мне Тифлис горбатый снится,
> Сазандарий стон звенит...

— это написано в 1920 году, после первого пребывания в Грузии. Позднее, в 21-м и 30-м году мы были там вместе. А еще позже, в 37-м году, в Воронеже, Мандельштам, вспоминая Тифлис, думал, что и Тифлис его помнит:

> "Еще он помнит башмаков износ,
> Моих подметок стертое величье,
> А я — его..."

Тогда же было написано еще одно стихотворение-воспоминание о Кавказе, о встреченной нами в Сухуме свадебной кавалькаде:

> "Пою, когда гортань сыра, душа суха..."

В статье "Кое-что о грузинском искусстве" Осип Мандельштам писал, что в русской поэзии есть свой грузинский мотив. Стихами 1920-27 гг. грузинский мотив вошел в его собственную поэзию. Но Грузия была не только краем, о котором он вспоминал в своих стихах, но и чем-то гораздо большим — частью Кавказа, частью Причерноморья, землей Колхиды и легендарного Золотого Руна. Грузии Мандельштам был обязан не только встречами с приветливыми и гостеприимными талантливыми людьми, но и знакомством с гениальным эпосом Важа Пшавела — это знакомство оставило след в творчестве Мандельштама. Тифлис был местом, где О.М. написал важные, переломные вещи. "Умывался ночью на дворе..." написано в Тифлисе. В Тифлисе в 30-м году Мандельштам не только общался с радушными хозяевами. Там возникла дружба с Егише Чаренцом, присутствовавшим при появлении стихов об Армении и почувствовавшим, что это — книга.

Для русских поэтов Грузия часто была землей изгнания, но изгнания приветливого, гостеприимного, а нередко и желанного. И Мандельштам находил в Грузии приют в годы своих скитаний. Помню, как Паоло Яшвили великолепным жестом приказал швейцару отвести нам комнату в Тифлисском Доме искусств, и швейцар не посмел ослушаться: комната нам была отведена — грузинские поэты никогда бы не позволили своему русскому собрату остаться без крова. Недаром именно Тифлис вспоминался Мандельштаму в бесприютном Воронеже. Было там еще одно стихотворение — о том, как мы "Над Курою, в ущелье балконном шили платье у тихой портнихи..." — но это стихотворение утеряно и, боюсь, безвозвратно.

25 января 1980 г.

СТИХИ МАНДЕЛЬШТАМА ДЛЯ ДЕТЕЙ

Все говорили Мандельштаму, что надо изучить детскую психологию: дети любят то, дети не любят того... Племянница О.М. — Татька — они очень дружили — получила от него "Кухню" и сказала: "Ничего, дядя Ося, можно перерисовать ее на "Муху-цокотуху"... Один Корней Иванович утешил. О.М. встретил его на улице и довольный пришел домой: "Знаешь, что сказал Чуковский! — не думайте о детях, когда пишете детские стихи..." Детские стихи сочинялись, как шуточные — вдруг, неожиданно и со смехом: "А так годится?.." Из своих книг он любил именно так сочинявшиеся: "Примус" и "Кухню"... Там коротенькие стишки, вроде поговорочек, присказок. Жарится яичница — стишок. Забыл закрыть кран на кухне — стишок... Сварили кисель — опять событие и повод для стишка. Они и получились живые и смешные. Любят ли их дети? Кто их знает... Ведь детям тоже надо привыкнуть к стишку, чтобы его полюбить.

А вот "Приглашение на луну" вовсе для детей не предназначалось. Это из "взрослых" стихов, и на луну приглашалась, наверное, вполне взрослая женщина, а дети как будто согласны считать его своим. Во всяком случае, те дети, которым О.М. их читал. С детьми он часто дружил и играл. Очень подружившись, даже читал стихи, но про луну или про "Наташу", которую выдают замуж. Впрочем, про "Наташу" девочкам постарше, и первой своей племяннице. Разумеется, после той Наташи, которая, действительно, выходила замуж.

Мне всегда казалось, что сочинение детских стихов — развлечение, отдых, такое же легкое времяпрепровождение, как шуточные стишки, которые сочиняются только с товарищами за веселым разговором, за чаем, за бутылкой вина. Особенно много шуточных стихов он сочинял в Москве в тридцатые годы, обычно с Анной Андреевной. Она их любила и всегда очень смеялась. А детские обычно со мной, а кой-какие тоже с ней. Может, мы с ней и жарили яичницу.

Все детские стихи пришлись на один год — мы переехали тогда в Ленинград и развлекались кухней, квартиркой и хозяйством. Потом они кончились, и навсегда. В сущности, О.М. про них забыл. Да и платили за них мало.

ДВА ИНТЕРВЬЮ С НАДЕЖДОЙ ЯКОВЛЕВНОЙ МАНДЕЛЬШТАМ

1

От интервьюера

Единственный раз я встретился с госпожой Мандельштам в 1973 году. Это было первого мая, в день, когда Москва полна иностранцев, и поэтому мы не были замечены. Мой попутчик — он знал госпожу Мандельштам давно и помог мне установить с ней контакт — и я были втиснуты в метро. Примерно километров через двадцать, на окраине Москвы, где Надежда Мандельштам занимала малюсенькую квартиру в сером блочном доме, уже не было такой давки, и слежки за собой мы не заметили.

Съемки мы вели двумя камерами — что и было целью нашей поездки. Этот единственный существующий фильм с Надеждой Мандельштам мы делали с условием, что покажем картину только после ее смерти — Надежда Яковлевна опасалась мести КГБ. Теперь оснований для страха нет.

"Как трудно говорить! — произносит она на своем чудном медленном английском. — У вас есть готовые вопросы? Как долго это будет продолжаться?"

Я говорю, что подготовил кое-что и что мы тут же прекратим съемки, как только она устанет.

"Я всегда устала... Давайте начнем сразу".

Фрэнк Даймонд

---

* 11 января 1981 года голландская телекомпания "Вара" продемонстрировала зрителям небольшой телефильм Френка Даймонда о его встрече с Надеждой Яковлевной Мандальштам. Текст этого кинодокумента был воспроизведен в еженедельнике "Свободная Голландия".

Мы выключаем камеру, и без единого вопроса госпожа Мандельштам начинает сама:

— Прежде всего я хочу сказать, что сегодня первое мая, очень значительная дата для меня.

Первого мая Мандальштам был арестован во второй раз, и с тех пор началась для меня длинная и одинокая жизнь. Без кого бы то ни было. Без друзей. Я была просто-напросто среди врагов, и так я должна была жить. Это было очень трудно. Последние шесть-семь лет я живу здесь, и здесь я нашла много друзей, но не из моего поколения. Здесь бывают только молодые люди, старые все еще враги .

Далее речь идет о писателе Каверине, который после выхода ее второй книги написал ей ужасное письмо, и о Лидии Чуковской, которая пишет против нее книгу.

— Я хотела бы на это посмотреть. Это должно быть очень смешно, — все ее лицо морщится от смеха. — Чуковская всегда права. Это всегда ее первая мысль. Никто не может быть правым — только она. — Лицо становится серьезным. — Что я могу вам рассказать о Мандельштаме, если вы ничего о нем не знаете? Что он был замечательный человек? Что мы много смеялись вместе? Мы были очень счастливы даже в самые ужасные времена. И не благодаря мне — благодаря ему.

Днем мы часто ссорились, а ночью — ночью мы шли в постель. Может быть, это комично — говорить о сексуальных успехах, если тебе семьдесят три, хотя... хотя... В этом причина того, что мы не расстались. Мы не могли друг без друга. Я пробовала быть ему неверна, но из этого ничего не выходило — каждый был хуже него .

Потом, смеясь, моему попутчику по-русски:

— Ты понял это? Неприлично, а?! Сумасшедшая старуха...

— Где вы познакомились с Мандельштамом?

— В кафе. В одном ночном клубе. И сразу же, в первый же день, мы пошли в постель. Это было тоже первого мая.

— Это что, было обычно в то время — сразу идти в постель?

— Мы это сделали. Мы были началом сексуальной революции. Нам нечего было терять. Я не хотела выходить замуж. Даже за Мандельштама. Я хотела быть независимой.

— Но вы все-таки вышли за него замуж?

— Это получилось случайно... Ночи были хороши, дни — трудны. Он не позволял мне выходить из дому. Он хотел, чтобы я всегда была при нем. Я не могла заводить знакомства. Нет, он не был эгоистичен, это было другое, он был очень властолюбив, а я... я была довольно легкомысленной. Вот так это и было... Немножко трудно.

— Когда вы перестали быть легкомысленной?

— Когда мне исполнилось семьдесят.

Указывая на моего попутчика:

— Он говорит, что я еще не покончила с этим, что я все еще легкомысленна. *Смеется...*

Вдруг все оборудование начинает портиться. Кабели, батареи, все падает из рук. В то время как пот струится по моей спине и я беспрестанно извиняюсь, она говорит:

— Я люблю голландцев и я люблю евреев, следовательно, ты не причинишь мне вреда.

— *Как отнесся Мандельштам к революции?*

— Он писал об этом. Он думал, что создается демократическое государство. Он надеялся на демократию. В тридцатые годы он увидел, что это невозможно. Он был революционен, но он не был удовлетворен революцией. Он не увидел сначала, что это означает рабство для всех. Я увидела это раньше.

— *Почему Мандельштаму было запрещено публиковаться?*

— В тысяча девятьсот двадцать третьем году на него был наложен обет молчания. Почему? Он не был советским писателем. Он был слеплен из другого теста. Он не хотел лгать. Он просто-напросто не мог лгать.

Я спрашиваю, помнит ли она сейчас, когда большая часть стихов опубликована на Западе, помнит ли она их наизусть?

— Нет, я начинаю их забывать. Молитвы заменяют мне стихи. Я не знаю, что я могу с этим поделать.

Какое стихотворение Мандельштама она любит больше всех? Хочет ли она его прочесть?

— Стихотворение "Неизвестному солдату" и "Осы".

Медленно и с сомнением начинает первую строфу: "Вооруженный зреньем узких ос..." — до конца.

— *Теперь совсем другое. Верите ли вы и верил ли Мандельштам в силу печатного слова?*

118

— Не думаю, что кто-нибудь в это верит после Достоевского. Если они не слушали Достоевского, кого они вообще могут слушать?.. Это спящая страна. Здесь все спят.

— Вы много пишете в своих книгах о христианстве, в то время как вы родились еврейкой. Что означало это для вас и для Мандельштама — быть евреем?

— Это ничего не означало. Мы просто были евреями. Больше ничего. Мы были российскими евреями.

— Но Мандельштам писал все же в "Четвертой прозе", что писательство в России не определяется нацией. И он этим гордился.

— Может быть. Я помню это наизусть.

И дальше по-русски:

— "Цыганская раса. Моя кровь восстает против воровской цыганской жизни писательской расы".

И снова по-английски:

— Он чувствовал себя евреем, я — почти нет, всю свою жизнь я была христианкой.

— Последний вопрос. Какое воспоминание о Мандельштаме самое дорогое для вас?

— Все — дорогое воспоминание. Он сам — самое дорогое воспоминание.

Потом она говорит с ударением, как будто я должен это хорошо запомнить:

— Мандельштам и я, мы не разлучились, я верю, что мы еще встретимся, в другом мире.

Она смотрит на меня искоса своими большими и ужасно выразительными глазами:

— Я христианка, я верю в это. Да, он писал мне: "Любимую никто не может отнять у меня". Он писал мне это в своих письмах.

Потом она снова пронизывающе смотрит на меня и говорит:

— Вы не верите в это?

— Нет, — говорю я почти пристыженно.

Все кончилось. Видно, что она уже устала. Я выключаю лампу. Она просит навестить ее, если я когда-нибудь буду в Москве.

Я больше никогда там не был.

2

От интервьюера

Впервые я встретилась с Надеждой Мандельштам во вторник 17 октября 1972 года. Ее «Воспоминания» уже были опубликованы по-русски и по-английски («Hope against Hope»), и вышедшая по-русски «Вторая книга» тоже вскоре должна была появиться по-английски под названием «Hope Abandoned».

Мой муж Эрик Де Мони был тогда корреспондентом Би-Би-Си в Москве. Мы приехали на второй срок его пребывания в советской столице в конце марта 1972 года. Вскоре после нашего приезда был выслан Дэвид Бонавиа, корреспондент лондонского «Таймса», — перед приездом Никсона советские власти хотели отделаться от слишком хорошо информированного западного корреспондента. Он ввел нас в круг своих неофициальных контактов (например, на проводах Бонавиа мы впервые встретились с Андреем Сахаровым, который в те времена еще не поддерживал широких контактов с корреспондентами).

К октябрю мы расширили круг наших русских друзей, и тогда Кирилл и Ирина Хенкины познакомили нас с Надеждой Яковлевной. Противоречащие друг другу английские заглавия двух томов ее воспоминаний вызвали у меня тогда вопрос, как она себе представляет будущее своей страны. Она несколько раз повторила, что ее единственная надежда — загробная жизнь. Это не совпадало с тем относительным оптимизмом, который звучал в заключительных главах первого тома ее воспоминаний, написанных, когда она наконец впервые постоянно поселилась в Москве в 1964 году. Этот оптимизм она позднее ощутила как неоправданный.

Уже в 1972 году Надежда Яковлевна настаивала, что единственная надежда на будущее России — Церковь. Сохранила ли она эту надежду до самой смерти? Есть основания думать, что нет. Об этом можно судить по интервью, которое я записала на магнитофон в конце 1977 года. По моим сведениям, это единственное ее интервью, записанное на ленту. Я дала ей обещание не публиковать его при ее жизни.

Интервью должно было последовательно описывать ее жизнь, с детства и до наших дней, и я тщательно подготовила все вопросы. Я хотела также выяснить некоторые обстоятельства жизни Мандельштамов, которые меня озадачивали: например, почему Осип Мандельштам в 20-е годы отказался уехать за границу, как предлагал ему Бухарин. Кроме того, мне хотелось, чтобы Надежда Яковлевна повторила то, что уже говорила в наши предшествующие встречи: обращение Мандельштама в христианство, совершившееся в молодости, не было, как принято считать, «крещением по обстоятельствам», ради поступления в Петербургский университет. Действительно, он и без того, будучи еврейским мальчиком, получил возможность учиться в петербургском Тенишевском училище.

Увы, интервью осталось незавершенным. Когда я вернулась в Москву в октябре 1977 года, Надежда Яковлевна была в таком физическом состоянии, что, когда она открыла мне дверь, я ее не узнала, и она чуть не захлопнула дверь перед моим носом. Я не предупредила ее о своем приезде, не смогла это сделать ни по каким каналам, и не знала, согласится ли она на запись разговора. Действительно, мое первое впечатление было, что я со своим замыслом уже опоздала. Все-таки, несмотря на страх и физическую слабость, она согласилась дать интервью. Ее голос зачастую сходил на нет, она задыхалась, делала долгие паузы. От некоторых вопросов, которые я хотела задать, пришлось отказаться, так как я боялась, что для нее все это слишком утомительно. Я была уверена, что ей осталось жить совсем немного. Я ошиблась — она прожила еще три года.

Ей хотелось смерти, но она не могла умереть. Ее манера мыслить была по-прежнему живой и острой, но представление о текущих событиях было затуманено. Ее непреклонная вера в загробную жизнь оставалась ее единственной нравственной опорой.

Во время записи интервью моему мужу и мне казалось, что она проходит сквозь какое-то умственное чистилище, откуда ее могла вывести только смерть.

Неужели жертва ее жизни, жизни Осипа Мандельштама и многих миллионов людей сталинских времен осталась напрасной?

Была ли ее умственная агония результатом физической слабости и бремени лет после отданной в жертву жизни? На этот вопрос нельзя ответить — пусть текст интервью говорит сам за себя.

Надежда Мандельштам была женщиной сильной и выносливой, очень веселой, большого ума, остроумия и неожиданной нежности. Я вспоминаю ее с непреходящей любовью.

Элизабет Де Мони

— *Надежда Яковлевна, скажите, пожалуйста, где вы родились?*

— В Саратове, это город на Волге.

— *Мало кто знает, что вы провели часть своего детства на Западе. В каких странах вы жили?*

— Не знают, конечно, потому что я сама точно не помню. Я жила во Франции, Италии, Швейцарии, Германии, была в Швеции.

— *В каком возрасте вы вернулись в Россию?*

— Мы всегда возвращались в Россию. Два года мы жили в Швейцарии, мы долго там задержались.

— *Бывали ли вы в Париже?*

— Конечно, я была в Париже. Я помню праздник святой Катерины. Я даже надевала ''чепец св. Катерины''. Это праздник старых дев — в июле, кажется.

— *Были ли вы в Лурде?*

— Конечно. Мои родители не были набожными, но меня возили в Лурд.

— *Когда вы жили на Западе, вы были очень молоды. Оказало ли время, проведенное там, большое влияние на вас?*

— Я не знаю, но я рада, что была, потому что у меня нет такого чувства отчуждения.

— *Вы верующая?*

— Да. Хожу в церковь.

— *И вы всю жизнь ходили в церковь?*

— Няня возила меня в церковь, русская няня.

— *Ваша мать была еврейкой, но Ваш отец был, кажется, баптист? Это верно?*

— Он был крещен. Потому что его отец, мой дед, был кантонист. Это были дети, которых забирали и, когда был период обрусения при Николае Первом, их крестили почти насильно.

— *А мать?*

— Мама осталась еврейкой. Они женились где-то во Франции.

— *Не скажете ли вы, как вы встретились с Мандельштамом?*

— Был такой клуб в Киеве, в 19-м году. Мне было как раз 19 лет. Это был клуб, который назывался «Хлам»: Художники, Литераторы, Артисты и Музыканты. Мы там собирались каждый вечер, и он пришел. И меня познакомила с ним одна... Все условились не знакомить меня, а какая-то проститутка познакомила.

— *Когда вы с ним познакомились, он был уже известным поэтом?*

— Он был известен. И я знала, что он поэт.

— *И вы уже думали тогда, что он гений?*

— Был ли он гением, я не знаю. Он был дурак.

— *Он был... очень глупый молодой человек?*

— Вы облагораживаете. Он был — я резче говорю.

— *Был ли он также веселым молодым человеком?*

— Очень веселый, всю жизнь веселый, даже в несчастьях.

— *Сохранил ли он эту веселость и в тяжелые, трудные годы?*

— В тяжелые годы? В лагере — нет. В лагере он просто сошел с ума. Он боялся есть, думал, что его отравят.

— *Был ли ваш муж добрым человеком?*

— Со мной — нет, а с людьми — да, особенно с детьми. Ну, он меня никуда не пускал.

— *Некоторые мне говорили, что он был очень трудным человеком.*

— Он был трудным человеком для меня. И для сволочи. Кругом были сволочи одни.

— *Но вы посвятили ему всю свою жизнь...*

— К сожалению.

— *Можете ли вы сравнить его с каким-нибудь другим поэтом его поколения?*

— Конечно, Пастернак, а больше никого.

— *И больше ни с кем?*

— Ну, женщины: Ахматова, Цветаева, но я думаю, что это дешевка по сравнению с Пастернаком и Мандельштамом.

— *Но Ахматова была, пожалуй, его самым близким другом?*

— Была. Но по отношению ко мне она была не очень хороша. Она мне сказала через сорок лет, тридцать пять лет после смерти Оси: «Вот теперь видно, что вы были подходящей женой».

— *Оказала ли она на него большое влияние?*

— Нет, никакого.

— *Ваш муж был человеком абсолютно неподкупным, человеком абсолютной порядочности...*

— Нет.

— *Я хочу спросить — что именно принес он людям: свою поэзию или свою абсолютную честность?*

— Не знаю. У меня нет никаких сведений о том, что он известен на Западе. В России — да. В России во всех домах интеллигентных есть списки его стихов. Он до сих пор список, а не человек. И потом эти анекдотические рассказы о нем, что он «раздражался». Он просто отбривал.

— *В вашей книге, в первом томе, вы пишете, что, когда Мандельштам умер, вам очень помогли его слова: «Почему ты думаешь, что ты должна быть счастливой?»*

— Он мне всегда так говорил: «Почему ты думаешь, что ты должна быть счастливой?» Это его христианство.

— *Его христианство?*

— Он был христианин. Он верил в Христа.

— *Когда он крестился: в детстве или уже взрослым?*

— Взрослым. Ему было около 22-х лет. Всегда пишут: «для того, чтобы поступить в университет», но это чепуха, блата хватило бы. Он просто верил, и это, конечно, на меня тоже оказало влияние.

— *Вы говорите, что ваш муж крестился, когда ему было 22 года. Он умер почти 40 лет назад. Вы по-прежнему чувствуете свою близость с ним?*

— Очень долгое время я чувствовала, а потом перестала, сейчас перестала. Он подслушал, как я на исповеди сказала, что я ему изменяла.

— *На то, чтобы спасти произведения вашего мужа, ушло почти 40 лет вашей жизни. Ощущаете ли вы удовлетворение от того, что труд в а ш е й жизни завершен?*

— И да, и нет. Я отдала жизнь на это. Это было очень трудно. И теперь я чувствую себя совершенно опустошенной.

— *Что бы вы хотели еще сделать?*

— Я хотела б написать о своем отце, у меня был чудный отец, но у меня уже нет сил. Может, я попробую. Не от того нет сил, что мы сейчас разговариваем, — от жизни. Я бы очень хотела смерти. Еще хотела бы умереть здесь, а не в лагере. Такая возможность тоже есть: если уйдет Брежнев.

— *Когда еще был жив Мандельштам, в 20-е и в начале 30-х годов, у вас был один покровитель — Бухарин. Говорили, что будто власти сообщили семье Бухарина, что он никогда не будет реабилитирован.*

— Я знаю. Они его не собираются реабилитировать. Он был слишком сильным человеком для этого — потому они его и убили. Это вам не Молотов, длинношее существо — три «е»: длинношее, и не человек, а существо. (О Бухарине:) Очень был веселый.

— *В вашей книге вы пишете, что всеми благами, которые были у него в жизни, Мандельштам был обязан Бухарину.*

— Он спасал нас просто, очень активно.

— *Надеетесь ли вы, что Бухарина когда-нибудь реабилитируют?*

— Для этого должно все перемениться. Не знаю, возможно ли это в мертвой стране.

— *Есть в вашей книге очень важная строчка. Вы пишете, что смерть художника всегда бывает не случайностью, а последним творческим актом.*

— Это не мои слова, это слова Мандельштама. Это в статье о Скрябине он говорит. Но он наивно говорит, что Россия знала Скрябина. Россия совершенно не знала Скрябина — знала кучка музыкальных людей в консерватории.

— *Ваш муж написал свое стихотворение о Сталине после того, как увидел последствия коллективизации на Украине и почувствовал, что не может больше молчать?*

— Это первое стихотворение? Да.

— *Говорил ли он с вами, пока писал его, или сразу написал?*

— Конечно, говорил. Он мне каждую строку показывал. У меня, наверное, хороший слух на стихи.

— *Когда он писал его, думаете ли вы, что он понимал, что оно приведет к его смерти?*

— Конечно! Он думал только, что его сразу расстреляют.

— *Думаете ли вы, что он был прав?*

— Я думаю, да. Но это относится не только к Сталину, это относится ко всем. Брежнев — первый не кровопийца, не кровожадный. Солженицына, например, за границу выслал. Хрущев еще упражнялся. Он здесь расстрелял людей за то, что они продавали губную помаду самодельную — я знаю это от Эренбурга. Он на Украине провел сталинскую политику — там кровь лилась страшная.

— *Путешествия на Запад оказали на Мандельштама огромное влияние, и вы писали, что Средиземноморье было для него чем-то вроде Святой Земли. Думаете ли вы, что классическая культура Древнего мира — Греции и Рима — оказала наибольшее влияние на него как на поэта?*

— Греция — да, но он никогда не был в Греции. В Риме он был, но про Рим он говорил, что это камни, а Грецию он очень живо чувствовал. Потом, Грецию можно чувствовать и по стихам, и по литературе. Я тоже не была в Греции.

— *Но, как вы уже говорили, он был до глубины души христианином. Среди всех страданий сталинских времен, его и ваших страданий, не терял ли он когда-нибудь надежду?*

— Нет, надежда всегда была. Меня зовут Надеждой. Но ясно было, что после смерти Сталина будут облегчения. Такого другого животного нельзя было найти. Ассириец. Я говорю, что он гений, потому что в сельскохозяйственной стране он уничтожил все крестьянство за два года.

— *Вы говорите, что Мандельштам никогда не говорил о своем «творчестве». Он всегда говорил, что «строит» вещи. Полагаете ли вы, что свою поэзию он рассматривал как некий проводник Божьей благодати?*

— Я думаю, что да, но я никогда не спрашивала.

— *В те годы, что вы жили с ним, посвящая ему всю свою жизнь, вы, наверное, много раз спасали его от отчаяния и, возможно, от смерти?*

— Я много думала о самоубийстве, потому что жить было совсем невозможно. Был голод, была бездомность, был ужас, которого нельзя себе представить, была страшная грязь. Абсолютная нищета.

— *Была ли его дружба с Ахматовой источником силы для него?*

— Скорее для нее.

— *Какая была она?*

— Ахматова? Красивая женщина, высокая. На старости она расписховалась. У нее не было нормальной старости.

— *Вы пишете, что Мандельштам подвергся одному очень сильному влиянию...*

— Иннокентий Анненский. Это был любимый поэт, единственный из символистов. Он повлиял на всех: на Пастернака, на Ахматову, на Мандельштама, на Гумилева. Это дивный поэт, его мало знают за границей, его не переводят. Это чудный поэт. Я, к несчастью, отдала книжку его одному священнику, который приехал. Чтобы немножко вразумить его: он писал стихи, но очень плохие, наверно, — я ему дала, достать нельзя. Это [Анненский] религиозный философ, сейчас это окончательно выяснилось, потому что нашли новые письма — два, и там это совершенно ясно уже.

— *Вы говорите, что сильное влияние на Мандельштама оказал Чаадаев. И что из-за этого влияния он не воспользовался в 1920 году возможностью уехать за границу.*

— Да, потому что Чаадаев... он хвалит Чаадаева за то, что он вернулся в небытие из страны, где была жизнь.

— *Думаете ли вы, что Мандельштам таким образом намеренно отказался от Европы? Что он как бы повернулся спиной к Европе?*

— Он боялся, что заговорит за границей во весь голос и потом не сможет вернуться.

— *Но он уже понял к тому времени, что оставаться в России опасно?*

— Он понимал, конечно. Что было делать? Мой отец сказал: «Я столько лет пользовался правами и законами этой страны, что я не могу покидать ее в несчастье». Приблизительно такое отношение было и у Оси.

— *Как вы полагаете, он принял это решение как поэт или как человек?*

— Я думаю, что как поэт, потому что вне русского языка было бы...

— *В вашей первой книге есть глава, которая называется «Возрождение», где вы говорите о возрождении духовных ценностей, утерянных в 20-30-е годы. Продолжаете ли вы верить в это возрождение?*

— В то, что они воскресли? Нет. Здесь ничего воскреснуть не может. Здесь просто все мертво. Здесь только очереди. «Дают продукты». Очень легко управлять голодной страной, а она голодная. Брежнев и не виноват в том, что она голодная, — 60 лет разоряли хозяйство. Россия кормила всю Европу хлебом, а теперь покупает в Канаде. При крепостном праве крестьянам легче жилось, чем сейчас. Сейчас деревни стоят пустые. Старухи и пьяные старики. Только женщины, замуж не.за кого выйти. Мужчины после армии женятся на любых городских, лишь бы не вернуться в деревню. Опустошенная страна. Работают студенты. Во сколько это обходится фунт хлеба, я не представляю себе! Профессура, хорошо оплачиваемая, сидит дома, а студенты работают. И они не умеют работать. Лет 15 тому назад мне говорили женщины, что в деревнях уже никто не умеет сделать грядки.

— *Вы много говорите в своей книге об утерянных духовных ценностях деревни. Надеетесь ли вы, что эти ценности возродятся?*

— Не знаю. Сейчас надежда уже теряется. Пока я ездила на метро, я только удивлялась, какие мертвые лица. Интеллигенции нет. Крестьянства нет. Все пьют. Единственное утешение — это водка.

— *Но среди молодежи сегодня, возможно, больше интереса, чем раньше, к христианству и к Церкви?*

— Очень многие крестятся. Крестятся и пожилые люди. Но большей частью интеллигентные.

— *Вы говорите, что Мандельштам повторял вам, что история — это опытное поле для борьбы добра и зла.*

— История? Да. Вот видно — на нашем примере.

— *Но как христианка вы должны верить, что, в конце концов, добро вырастет даже из ужасных страданий вашей страны в этом веке.*

— В этом столетии — не знаю, но, может быть, когда-нибудь. Во всяком случае, как Чаадаев говорил, «свет с Востока» — не придет. Чаадаев надеялся, что свет придет с Востока, но я не вижу этого. Сейчас никаких признаков нет.

— *Вы никогда не думали о переходе в католичество?*

— Я — нет! Ося хотел стать католиком. А я привыкла в Софию ходить. После заграницы, после двух лет в Швейцарии, я жила в Киеве. Мне 9 лет было. И нянька меня водила в Софийский собор. Я до сих пор не могу забыть его — и ездила с ним прощаться. Дивный собор! Ведь была когда-то Россия великой страной...

— *Но положение в вашей стране стало немного лучше. Не думаете ли вы, что, если бы у молодежи было больше мужества, положение улучшилось бы?*

— Я думаю, что, если молодежь придет, она будет сталинистами, потому что она по-прежнему поверит в террор и в Ленина. Она не знает, что это первыми на них отразится.

— *После всего, что вы пережили, с вашим опытом, что бы вы сказали молодежи России?*

— Бесполезно им говорить, они над старухой посмеются. Их вполне водка устраивает. Думаю, что сейчас уж ничего не спасет. Слишком долго это держится — 60 лет. Мне 77 — значит, 17 лет у меня были нормальные...

ПОСЛЕСЛОВИЕ РЕДАКЦИИ "КОНТИНЕТА"

Самое сильное впечатление от этого интервью — то, что к Надежде Яковлевне Мандельштам, быть может, еще больше подходят слова, отнесенные ею к Ахматовой: "У нее не было нормальной старости". Впрочем, Н.Я. признает и большее: "Мне 77 — значит, 17 лет у меня были нормальные..."

Окружающие могли ждать для нее еще многих несчастий — и дождались: опечатанной квартиры, полуукраденных похорон. Но все-таки всем было ясно, что на восьмом десятке ее, вдову Мандельштама, знаменитую на весь мир своими книгами, н е п о с а д я т. Ее постоянное возвращение к теме возможного ареста иногда воспринималось почти как игра — а было оно реальностью, страшным страхом перед смертью в лагере, быть может, сумасшедшей, невменяемой смертью, подобной смерти Мандельштама.

На фоне этого смешно спорить с голосом из-за гроба, даже когда этот голос несправедливо зол или несправедливо наивен. Кто способен ощутить эту внутреннюю "опустошенность" женщины, полжизни отдавшей на то, чтобы воскресить Мандельштама — "не человека, а список"?

Будь она жива, можно было бы с ней поспорить. Она сама была спорщицей, но любила спорщиков, любила противоречить и любила, чтобы ей противоречили. Ее высказывания — зачастую провокация. Но ответить на эту провокацию мы уже не можем.

132

ДВА ПИСЬМА АРХИЕПИСКОПУ
САН-ФРАНЦИССКОМУ

От адресата

Эти два письма от Надежды Яковлевны Мандельштам я получил не по почте, а через одного слависта, посещавшего в Москве Надежду Яковлевну. Письма краткие, но весьма выразительные. Где-то накануне получения этих писем в какой-то статье было сказано о мотивах христианства Мандельштама. Надежда Яковлевна это опровергает и говорит не только о своей вере, но и о "церковности". Конкретно там в Москве это значило, что она была действенной прихожанкой прихода о.Александра Меня, и группа молодежи в этом приходе хозяйственно помогала ей, когда она перестала выходить из дому, по слабости; это было особенно существенно... Томилась она изрядно (это видно и в ее строках) — по другому миру. Это хотя и может иметь в и д, форму уныния, но есть нечто совсем другое. И грубоватость в письме одного выражения Надежды Яковлевны явно нарочита и как-то особенно сильно выражает реализм ее духовный. В другой форме он виден в ее книгах, замечательных документах силы духа человеческого. На ее этой ноте и закончился, в сущности, "серебряный век" русской литературы. Но резкость ее не всеми была понята. Брали ее вне широчайшего контекста общей и ее жизни...

Архиепископ Сан-Францисский Иоанн
(в миру князь Дмитрий Шаховской)

1

Владыка Иоанн!

Мне было очень лестно получить от вас записочку. Рада Вам сообщить, что я верующая (православная в третьем поколении) — дед со стороны отца был кантонистом (читали у Лескова?). Церковница с детства. По национальности я еврейка. Мандельштам тоже был верующим. Он крестился не из-за университета, как пишут у вас, а потому что не мог жить без Христа. Горько это разделение — никогда не получу от Вас благословения.

Ваша Надежда Мандельштам
12 мая 1979 года

2

Владыка Иоанн!

Мне лестно Ваше внимание. Я его, конечно, отношу к тому, что я вдова Мандельштама. Вы меня зовете за океан, а я еле выползаю на кухню своей однокомнатной квартиры. Мне очень больно, что мы не увидимся, но сколько людей я уже не увидела. Чудо, что я дожила до 80 лет и еще в своем уме. Спасибо за деньги. Вера купила мне в валютном магазине продуктов.

Я смертно устала от этой жизни, но верю в будущую. Там я надеюсь выцарапать глаза О(сипу) М(андельштаму) за то, чему он меня обрек. Книги Вера мне дала.

Н.М.

(без даты)

АЛЬБОМ ФОТОГРАФИЙ
НАДЕЖДЫ ЯКОВЛЕВНЫ МАНДЕЛЬШТАМ

Н.Я.Мандельштам. Москва. 1922 г.

Н.Я.Мандельштам. Москва. 1925 г.

А.З.Мандельштам (стоит), его жена, Э.Ф.Мандельштам (отец А.З. и О.Э.Мандельштамов), Н.Я.Мандельштам, О.Э.Мандельштам, А.А.Ахматова. Москва, Фурманов пер. 30-е годы.

Н.Я.Мандельштам. Москва. 1969 г. Фото З.Бекстрем

Н.Я.Мандельштам. Москва. 1970 г.

Н.Я.Мандельштам. Москва. 1970 г.

Из собр.проф.Александра С-ва. Москва

Н.Я.Мандельштам. Москва. 1971 г.

Н.Я.Мандельштам. Москва. 1978 г.

Отпевание Н.Я.Мандельштам в церкви Знамения Божьей Матери. Москва. 2 января 1981 г.

Вынос тела из церкви Знамения Божьей Матери

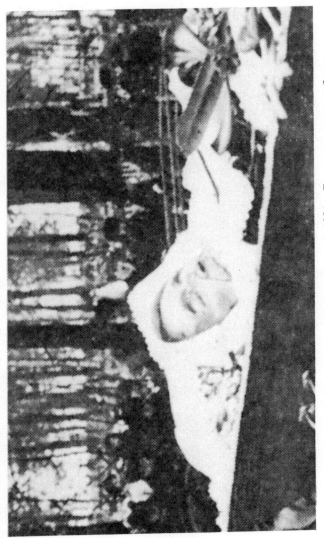

Похороны Н.Я.Мандельштам. Москва. 2 января 1981 г. Троекуровское кладбище.

СОДЕРЖАНИЕ